Scheffer Die Original Bach-Blütentherapie zur Selbstdiagnose

Mechthild Scheffer

Die Original Bach-Blüten-Therapie zur Selbstdiagnose

Blockierte Seelenzustände erkennen und verändern

IRISIANA

IRISIANA

Die Deutsche Bibliothek – CIP-Einheitsaufnahme
Scheffer, Mechthild:
Die Original Bach-Blütentherapie zur Selbstdiagnose :
blockierte Seelenzustände erkennen und verändern /
Mechthild Scheffer. – Kreuzlingen ; München : Hugendubel 2002
(Irisiana)
ISBN 3-7205-2372-1

Umschlaggestaltung: Zembsch' Werkstatt, München
Illustrationen: Julia Wagner, Hamburg
Fotos der Blütenmotive: Andreas Bock, Hamburg
Produktion: Maximiliane Seidl
Satz: EDV-Fotosatz Huber, Verlagsservice G. Pfeifer, Germering
Druck und Bindung: Huber, Dießen
Printed in Germany

ISBN 3-7205-2372-1

Inhalt

Erkenne Dich selbst, heile Dich selbst 6

Körper, Geist und Seele in der Bach-Blütentherapie . 8
Geistige Prinzipien 9
Die beiden Instanzen innerhalb unserer Persönlichkeit 12
Das Fühl-Ich 14
Das Denk-Ich 16
Das Höhere Selbst 18
Die Kommunikation zwischen Denk-Ich und Fühl-Ich 20
Fünf Muster der Fehlkommunikation innerhalb
    der Persönlichkeit 22
Die negativen Folgen der Fehlkommunikation 24

Die Arbeit mit den Bach-Blütenkonzepten 25
Leitfaden für den Übungsteil 27
1. Agrimony: *Die Ehrlichkeitsblüte 29* · 2. Aspen: *Die Ahnungsblüte 32* · 3. Beech: *Die Toleranzblüte 35* · 4. Centaury: *Die Blüte des Dienens 38* · 5. Cerato: *Die Intuitionsblüte 41* · 6. Cherry Plum: *Die Gelassenheitsblüte 44* · 7. Chestnut Bud: *Die Lernblüte 47* · 8. Chicory: *Die Mütterlichkeitsblüte 50* · 9. Clematis: *Die Realitätsblüte 53* · 10. Crab Apple: *Die Reinigungsblüte 56* · 11. Elm: *Die Verantwortungsblüte 59* · 12. Gentian: *Die Glaubensblüte 62* · 13. Gorse: *Die Hoffnungsblüte 65* · 14. Heather: *Die Identitätsblüte 68* · 15. Holly: *Die Herzöffnungsblüte 71* · 16. Honeysuckle: *Die Vergangenheitsblüte 74* · 17. Hornbeam: *Die Spannkraftblüte 77* · 18. Impatiens: *Die Zeitblüte 80* · 19. Larch: *Die Selbstvertrauensblüte 83* · 20. Mimulus: *Die Tapferkeitsblüte 86* · 21. Mustard: *Die Lichtblüte 89* · 22. Oak: *Die Ausdauerblüte 92* · 23. Olive: *Die Regenerationsblüte 95* · 24. Pine: *Die Blüte der Selbstakzeptanz 98* · 25. Red Chestnut: *Die Abnabelungsblüte 101* · 26. Rock Rose: *Die Eskalationsblüte 104* · 27. Rock Water: *Die Flexibilitätsblüte 107* · 28. Scleranthus: *Die Balanceblüte 110* · 29. Star of Bethlehem: *Die Trostblüte 113* · 30. Sweet Chestnut: *Die Erlösungsblüte 116* · 31. Vervain: *Die Begeisterungsblüte 119* · 32. Vine: *Die Autoritätsblüte 122* · 33. Walnut: *Die Geburtshelferin 125* · 34. Water Violet: *Die Kommunikationsblüte 128* · 35. White Chestnut: *Die Gedankenblüte 131* · 36. Wild Oat: *Die Berufungsblüte 134* · 37. Wild Rose: *Die Blüte der Lebenslust 137* · 38. Willow: *Die Schicksalsblüte 140*

Anhang 143
Zur Autorin 143
Adressen 143

Erkenne Dich selbst, heile Dich selbst

Die **Original Bach-Blütentherapie** wurde vor rund 70 Jahren von dem englischen Arzt Dr. Edward Bach entwickelt. Sie geht davon aus, dass jeder körperlichen Krankheit eine seelische Gleichgewichtsstörung aufgrund »geistiger Missverständnisse« vorausgeht, die sich in seelischen Negativzuständen und Verhaltensmustern zeigt.

Ziel der Bach-Blütentherapie ist die **Reharmonisierung dieser negativen seelischen Verhaltensmuster,** wodurch wieder Anschluss an die eigenen seelischen Selbstheilungskräfte gefunden werden kann. Die Bachblüten setzen Informationsimpulse auf der Gefühls- und Entscheidungsebene und stellen so den Kontakt zu unserem »intuitiven Wissen« oder unserer »inneren Stimme« wieder her.

Durch tieferes Verständnis der eigenen Bachblütenmuster läass sich dieser Kontakt weiter stabilisieren. Dazu dient dieses Buch.

Als Kompaktausgabe des Arbeitsbuches »Schlüssel zur Seele«* enthält das vorliegende Buch alle Informationen in sehr konzentrierter Form.

Zur optimalen Nutzung haben Sie zwei Möglichkeiten:

Seelenzustände erleben 1. Wenn Sie zunächst **die einzelnen Seelenzustände** selber intensiv **erleben** wollen, lesen Sie als Erstes die **Übungen** auf den Blütenseiten. Um in die Übungen richtig hineinzukommen, lesen Sie **ergänzend jeweils die ausführliche Blütenbeschreibung** im Standardwerk „Die Original Bach-Blütentherapie. Das gesamte praktische und theoretische Bach-Blüten-Wissen«.

---

* Zu beziehen über die Institutsadressen auf Seite 143 und im Buchhandel

2. Wenn Sie **tiefer verstehen** wollen, **wie** die 38 negativen Seelenzustände **entstehen** und **wo man selbst ansetzen kann, um den Harmonisierungsprozess zu verstärken,** beschäftigen Sie sich gleich mit den Seiten »Das Menschenbild der Bach-Blütentherapie« und dem Persönlichkeitsmodell Fühl-Ich – Denk-Ich (Hintergrundinformationen dazu finden Sie z. B. in Büchern über die Huna-Lehre).

Seelenzustände verstehen

Das eröffnet Ihnen eine **tiefere Dimension der Selbsterkenntnis** und ist auch eine bewährte Ergänzung psychotherapeutischer Maßnahmen und anderer Formen der Bewusstseinsarbeit.

Wenn Sie alle 38 Blüten durchgearbeitet haben, kennen Sie Ihre Basisblüten bzw. Ihre charaktertypischen Verhaltensmuster. Es sind Ihre positiven Gefühlspotenziale, aber auch Lernaufgaben, mit denen Sie im Leben immer wieder konfrontiert werden. Die Basisblüten werden, wie alle anderen Bach-Blüten, nur eingenommen, wenn der entsprechende Negativzustand in Ihrem Leben akut ist.

Basisblüten kennen lernen

Dann erstellen Sie sich Ihr **Bach-Blüten-Profil**, indem Sie herausfinden, welche Bach-Blüten-Muster in welchen **Lebensbereichen** für Sie relevant sind:

Bach-Blüten-Profil erstellen

• im Lebensbereich Familie/Beziehung, Partnerschaft
• im Lebensbereich soziale Umwelt und Beruf
• im Bereich Ihres ganz persönlichen Wachstumsprozesses

Sie können auch erkennen, ob Sie sich zur Zeit mehr um Ihre Gefühle (Fühl-Ich) oder um Ihre Bewusstseinsbildung (Denk-Ich) bemühen müssen.

Sie finden heraus, in welchen Lebensbereichen Sie immer wieder Einmischungen in Ihren Lebensplan zulassen oder wo Sie dazu neigen, gegen das Gesetz der Einheit zu handeln.

Körper, Geist und Seele in der Bach-Blütentherapie

Mit einem einfachen Modell umfasst die Bach-Blütentherapie das ganze Spektrum der menschlichen Existenz von der spirituellen über die psychische bis zur körperlichen Ebene.

Höheres Selbst/Seele

Unser wahres, liebevolles Selbst, unser unvergänglicher, göttlicher Wesenskern, der eine Idee, ein Lebensthema verwirklichen möchte.

Persönlicher Lebensplan

Der Fahrplan, nach dem diese Idee/Lebensaufgabe verwirklicht werden könnte.

Persönlichkeit

Das Instrument, mit dem die Seele den Lebensplan verwirklicht, also die Person aus Fleisch und Blut, die zu diesem Zweck mit einigen spezifischen Charakterpotenzialen und Begabungen ausgestattet ist.

Innere Führung

Die Innere Führung ist der Vermittler, der Bote zwischen unserer Seele/unserem Höheren Selbst und unserer Persönlichkeit. Sie inspiriert und lenkt die Persönlichkeit bei der Verwirklichung des Lebensplanes nach zwei geistigen Prinzipien:

Geistige Prinzipien

Prinzip der Einheit – unsere Persönlichkeit lebt als individuel- *Wie eine Zelle*
ler Teil einer liebevollen größeren Einheit, des Kosmos, wie eine *in einem Körper*
Zelle in einem Körper. Jedes individuelle Handeln gegen die Interessen der größeren Einheit trennt uns von der kosmischen
Energie ab und schlägt auf uns selbst zurück.

Prinzip der Inneren Führung – nur durch die Innere Führung *Unbeirrbar der*
sind wir mit der größeren Einheit, dem Kosmos, energetisch ver- *Inneren Führung folgen*
bunden. Deshalb sollten wir ihr folgen und nicht zulassen, dass
sich andere Menschen in unseren Lebensplan einmischen. Wir
sollen uns auch nicht in Lebenspläne anderer einmischen.
Idealerweise folgt die Persönlichkeit der liebevollen Inneren Führung. Kosmische Energie fließt, Charakterpotenziale werden verwirklicht, die Persönlichkeit kann sich entfalten, das Ergebnis
sind Glücksgefühle und Gesundheit.

Geistige Irrtümer

Geistige Irrtümer führen dazu, dass unsere Persönlichkeit ohne *Fehler: Orientierung nach*
die Botschaften der Inneren Führung agiert, weil sie sich nicht *außen statt nach innen*
als Teil des größeren Ganzen sieht, sondern in der Illusion lebt,
völlig eigenständig zu sein und keine Innere Führung zu brauchen. In diesem Irrglauben wendet sich unsere Persönlichkeit
nicht nach **innen**, um die Botschaften der Inneren Führung aufzunehmen, sondern nach **außen**, richtet sich zum Beispiel
nach sozialen Normen oder dem Rat anderer Menschen.
Das führt zu einer Stauung im kosmischen Energiefluss und dadurch zu Blockaden der eigenen Potenziale. Sie äußern sich in
destruktiven Verhaltensmustern wie ungeduldig sein, resignie- *Die 38 negativen Reaktions-*
ren, dominieren etc. – den 38 negativen Reaktionsmuster der *muster der Bach-Blüten*
Bach-Blüten. Sie zeigen als Symptome, dass man von seiner In-
neren Führung abgeschnitten ist.

Modell:

Seele/Höheres Selbst
hat Idee oder Thema

Persönlicher Lebensplan

Innere Führung

Geistige Prinzipien
- **Prinzip der Einheit**
- **Prinzip der Inneren Führung**

Persönlichkeit
verwirklicht mitgebrachte Charakterpotenziale

Geistige Irrtümer
**führen zu Blockierungen der
Charakterpotenziale
Symptome:
38 Bach-Blütenreaktionsmuster**

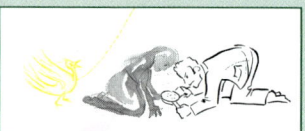

Beispiel:

Seele/Höheres Selbst

Idee oder Thema: Macht und Erfolg verwirklichen

Möglicher Lebensplan   Geschäftsführer eines mittelständischen
zur Verwirklichung dieses   Unternehmens
Themas:

Persönlichkeit

Mitgebrachte Charakter-potenziale in Harmonie mit den geistigen Prinzipien	*Durch geistige Irrtümer blockierte Potenziale*
Pflichtgefühl (Oak)	*Sturheit*
Sensibilität, Spürsinn (Aspen)	*Vage Ängste, Neigung zu Aberglaube*
Gesunder Ehrgeiz (Vine)	*Dominanzstreben*
Gute Selbstakzeptanz (Pine)	*Falsche Schuldgefühle*
Hingabe an eine Arbeit (Centaury)	*Willensschwäche*
↓	↓
Charakterentfaltung	**Charakterverzerrung**
↓	↓
Positive Gefühle:	**Missgefühle:**
z. B. Zufriedenheit, Freude, Glück	z. B. Reizbarkeit, Spannung, Bedrücktheit, Nicht-Nein-sagen-Können, Ängstlichkeit
↓	↓
Gesundheit	**Krankheit**

Geistige Irrtümer entstehen <u>zwischen Höherem Selbst und Persönlichkeit</u> auf philosophisch-spiritueller Ebene.
Wieso fällt es uns so schwer,
- auf unsere Innere Führung zu hören?
- den eigenen Lebensplan zu erkennen?
- und als Teil einer größeren Einheit zu handeln,

obwohl wir wissen, dass wir dann glücklicher leben könnten? Warum leiden wir dennoch so oft an den von Bach definierten negativen Reaktionsmustern? Was bringt uns dazu, immer wieder den Kontakt zu unserer Inneren Führung zu unterbrechen?

Die Verbindung zu unserer Inneren Führung wird unterbrochen durch Bewusstseinskonflikte auf der psychologischen Ebene, Kommunikationsstörungen <u>innerhalb unserer Persönlichkeit</u>. Man sagt, Gefühl und Verstand, Kopf und Bauch, Bewusstsein und Unterbewusstsein, inneres Kind und innerer Erwachsener spielen nicht richtig zusammen.

Die beiden Instanzen innerhalb unserer Persönlichkeit

Alte Traditionen stellen sich diese Instanzen in unserem Körper sogar als zwei verschiedene Wesen vor. Ich nenne diese Instanzen der Bildhaftigkeit halber **Fühl-Ich** und **Denk-Ich**.
Diese beiden Instanzen können leicht in Konflikt geraten: weil sie in ganz verschiedenen Welten leben, ganz verschiedene Eigenschaften besitzen, und weil eine unterschiedliche Motivation und Zielsetzung ihr Handeln bestimmt.
Besonders wichtig zu wissen: **Denk-Ich** und **Fühl-Ich** haben ganz unterschiedliche Aufgaben bei der Zusammenarbeit mit der Inneren Führung.
Nur eine gute Teamarbeit von Fühl-Ich und Denk-Ich ermöglicht eine optimale Verbindung zum Höheren Selbst.

Weil Frauen in der Regel mehr Beziehungen zu den Eigenschaften des Fühl-Ich haben, während Männer mehr mit den Eigenschaften des Denk-Ich identifiziert werden, erscheint in diesem Buch das Fühl-Ich mit weiblichen, das Denk-Ich mit männlichen Attributen.

Denk-Ich und Fühl-Ich:
Die beiden Instanzen innerhalb unserer Persönlichkeit.

Der Vorteil dieses Persönlichkeitsmodells ist, dass es uns hilft, genauer zu verstehen, von welcher der beiden Instanzen die Kommunikationsstörung ausgeht und wo man ansetzen muss, um die Verbindung zur Inneren Führung wieder aufzunehmen. Je nach individueller Bewusstseinsentwicklung und je nach Lebensbereich nehmen diese Instanzen innerhalb einer Persönlichkeit unterschiedlich viel Raum ein. Im Berufsleben mag das Denk-Ich kräftig und das Fühl-Ich zart und klein sein, im Stadium der Verliebtheit ist das Fühl-Ich vielleicht voluminös und das Denk-Ich schmächtig.

Die Abbildung auf Seite 19 zeigt den idealen Informationsfluss bei einem harmonischen Zusammenwirken beider Persönlichkeitsinstanzen, die Seiten 29 bis 142 zeigen die spezifischen Abweichungen vom harmonischen Idealzustand.

Das Fühl-Ich

Wir erleben es häufig aus dem Verborgenen heraus agierend, als unbewusste Gefühlswelt, auch als Bauchgefühl oder als unvermutet auftretende Reaktion im Solarplexus. Wie unser Fühl-Ich reagiert, kann man besonders bei Kindern beobachten.

Was ist das Fühl-Ich?

Das Fühl-Ich ist unsere Körperlichkeit, unser »Mikrokosmos im Makrokosmos«, der uns mit der gesamten Natur und den Gesetzen der Schöpfung verbindet. Es ist unser direkter Draht zum Höheren Selbst.

Das Fühl-Ich sorgt für unsere körperliche Sicherheit, unser Überleben. Es verwaltet unsere im Körper gespeicherten Erinnerungen, unsere Glaubenssätze als gefühlsmäßige Reaktionsprogramme und stellt sie uns nach eigenem Ermessen auf Knopfdruck zur Verfügung.

Was will das Fühl-Ich?

Es will wachsen und sich in Freude entfalten. Es will helfen und unermüdlich dazu beitragen, dass etwas weitergeht und zum Abschluss kommt. Dafür möchte es geliebt werden.

Mit welchen seiner Eigenschaften müssen wir immer rechnen?

o Es reagiert nach dem Prinzip: »Schmerz vermeiden, Lust erreichen«.

o Es geht nicht Fern Risiken ein und neigt zur Ausbildung von Gewohnheiten.

o Es nimmt alles wortwörtlich.

o Es hat kein Zeitgefühl, kennt kein Gestern und Morgen, kann nicht unterscheiden zwischen Gut und Böse, förderlich und destruktiv und so weiter.

o Als Teil des Makrokosmos strebt es in ökonomischer Weise immer ein harmonisches Gleichgewicht an.

Aufgabe gegenüber dem Denk-Ich:

o Es soll das Denk-Ich mit Energie, Mustern und Bildern versorgen, wenn sie gebraucht werden.

o Es soll Inspirationen vom Höheren Selbst weiterleiten, in der Hoffnung, dass das Denk-Ich sie aufgreift und die entsprechenden Entscheidungen trifft.

Aufgabe gegenüber dem Höheren Selbst:

o Es soll auf das Höhere Selbst ausgerichtet bleiben, seine Impulse aufnehmen, um sie an das Denk-Ich weiterzugeben.

Die wichtigste Aufgabe gegenüber dem Denk-Ich: Bewahren und helfen.

Das Denk-Ich

Das Denk-Ich kennen wir gut, denn wir erleben es als Wachbe-
wusstsein, als unseren Verstandes- und Willensaspekt. Meis-
tens nehmen wir es im Kopf wahr, idealerweise aber auch im
Herzen (»mit dem Herzen denken«).

Was ist das Denk-Ich?

Es lebt in der Welt der Polarität, in welcher der freie Wille herr-
scht und soziale Übereinkünfte regieren. Seine Aufgabe ist es,
Eindrücke zu bewerten, Ziele zu setzen, Entscheidungen zu fäl-
len, den Impuls zum Handeln zu geben und Resultate zu beur-
teilen. Zum Beispiel:
- In der Gegenwart zu bleiben oder in die Zukunft zu träumen;
- sich dem Fühl-ich zuzuwenden oder es zu ignorieren;
- Gefühlsimpulse einzuordnen oder sich davon überwältigen zu
  lassen;
- sich an geistigen Prinzipien zu orientieren oder sie zu ignorieren.

Was will das Denk-Ich?

Es strebt durch Leistung nach sozialer Anerkennung, will Wissen und Weisheit erlangen (»Wissen ist Macht«).

Mit welchen seiner Eigenschaften müssen
wir immer rechnen?

- Das Denk-Ich hat keinen direkten Kontakt zur Inneren Füh-
  rung, sondern bekommt ihn über das Fühl-Ich.
- Es hat immer die Wahl.
- Es denkt linear, logisch und folgerichtig.
- Es kann Gedanken sprachlich Ausdruck verleihen.
- Es kann visualisieren und Neues schöpfen.
- Es kann durch bewusste Entscheidungen die Reaktionsmuster
  des Fühl-Ich gezielt verändern.

Aufgabe gegenüber dem Fühl-Ich:

○ Das Denk-Ich muss die Impulse des Fühl-Ich bereitwillig bearbeiten. Dazu muss es sich auf das Wesen des Fühl-Ich einstellen und seine Andersartigkeit respektieren.

○ Es muss das Fühl-Ich von Beschlüssen zu Veränderungen liebevoll und geduldig überzeugen und ihm klar machen, welche Vorteile (Lustgewinn) es davon hat.

Wichtige Aufgabe gegenüber dem Fühl-Ich: Entscheiden, ermutigen und beraten

○ Es muss negative Glaubenssätze des Fühl-Ich entkräften und durch neue ersetzen, die der Verwirklichung des eigenen Lebensplanes dienlicher sind.

○ Es muss für beide die Initiative zur Kontaktaufnahme mit dem Höheren Selbst ergreifen (»Bittet, so wird euch gegeben«).

Aufgabe gegenüber dem Höheren Selbst:

Das Denk-Ich soll die vom Fühl-Ich gesendeten Impulse unter Berücksichtigung der geistigen Gesetze darauf überprüfen, ob sie zur Verwirklichung des eigenen Lebensplanes dienen.

Es soll gemeinsam mit dem Fühl-Ich den Lebensplan verwirklichen.

Das Höhere Selbst

Es lebt in einer metyphysischen, überbewussten Welt, die wir von unserer begrenzten Wahrnehmungsebene aus nur unvollkommen erfassen.

Wir nehmen es im Herzen wahr, dem Sitz unseres Gottesbewusstseins. Nur im Herzen erkennen wir, was richtig oder falsch ist (»Man sieht nur mit dem Herzen gut«; A. de Saint-Exupéry). Es offenbart sich als pulsierende Präsenz analog zum Schlagen des Herzens, wie man es zum Beispiel in einer Meditation erleben kann.

Man könnte sich vorstellen, das Höhere Selbst beobachtet aus einer höheren Sphäre wohlwollend die Aktivitäten von Fühl-Ich und Denk-Ich in permanenter Bereitwilligkeit, bei der Verwirklichung des Lebensplanes zu helfen, indem es Impulse über die Innere Führung schickt. Es greift aber von sich aus nicht direkt in das Handeln von Fühl-Ich und Denk-Ich ein, sondern respektiert die freie Wahl des Denk-Ich und lässt dem Menschen dadurch seine Entwicklungschance.

Das ideale Zusammenwirken zwischen Denk-Ich, Fühl-Ich und dem Höheren Selbst kann man sich folgendermaßen vorstellen:

- Das Höhere Selbst schickt über die Innere Führung einen Impuls, der vom Fühl-Ich unbewusst aufgenommen und als positives Gefühl, zum Beispiel freudige Erregung oder tiefe Gelassenheit, wahrgenommen wird.
- Das Fühl-Ich leitet diesen Impuls dem Denk-Ich zu.
- Das Denk-Ich nimmt den Impuls wahr als innere Stimme, Intuition, Inspiration – vielleicht während einer Meditation, bei einer kreativen Beschäftigung oder einer anderen Tätigkeit, der es sich aus vollem Herzen hingibt.
- Das Denk-Ich erkennt diesen Impuls als vom Höheren Selbst stammend und akzeptiert ihn voller Dankbarkeit. Es beschließt, diesem Impuls zu folgen, ihn zu verwirklichen.
- Die freudige Entschlossenheit des Denk-Ich erweckt als Reaktion im Fühl-Ich erhebende Gefühle wie z. B. Freude und Mut, was beide zusätzlich im Handeln beflügelt.

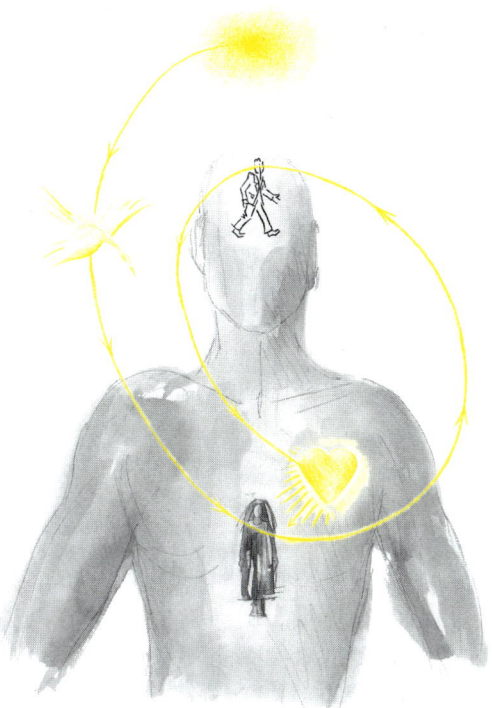

Diese positiven Gefühlserfahrungen bestär-
ken das Denk-Ich darin, weitere Entscheidungen im Sinne des Lebensplanes zu treffen.
Das löst einen sich selbst verstärkenden konstruktiven Mechanismus aus, in dem die gespeicherten gefühlsmäßigen Reaktionsmuster
und Glaubenssätze des Fühl-Ich tendenziell
der Idee, dem Lebensplan immer ähnlicher
werden

Die Wahrnehmungsantennen des Fühl-Ich richten sich automatisch immer mehr auf das Höhere Selbst aus, die Empfangsbereitschaft für
Botschaften der Inneren Führung wächst.

Diese ideale Kommunikation zwischen Denk-
Ich, Fühl-Ich und Höherem Selbst ist nur unter
folgenden Bedingungen möglich:

Das Fühl-Ich muss Zeit haben, die Botschaften
des Höheren Selbst aufzunehmen, und es darf
nicht durch Alltagstätigkeiten für das Denk-Ich
zu sehr beschäftigt oder zu sehr abgelenkt sein.

Die Aufnahmefähigkeit des Fühl-Ich darf nicht
durch Seelengifte, Psychotoxine (s. S. 24), be-
hindert sein.

Die Kommunikation zwischen Denk-Ich und Fühl-Ich

Wie erlebt sich mein Denk-Ich?

Das unbewusste Fühl-Ich bekommt seine Selbstwahrnehmung über das Denk-Ich.

Was es über das Fühl-Ich denkt, ob das Denk-Ich das Fühl-Ich schätzt, liebt, ignoriert oder ablehnt, all das saugt das Fühl-Ich auf wie ein Schwamm. Es wird zu dem, was das Denk-Ich von ihm denkt. Wird es geliebt, blüht es auf, wird es nicht geliebt, wird es »klein und hässlich«.

Das Fühl-Ich reflektiert wie ein Spiegel alle Gedanken und Glaubenssätze des Denk-Ich und beantwortet sie mit einer Reaktion aus seinem Erinnerungsspeicher. Es nimmt jeden Impuls des Denk-Ich auf und betrachtet ihn als einen »Befehl«, den es versucht, sofort auszuführen.

Dabei prüft es jedes Mal das Erinnerungsmaterial im Speicher, was eine ungeheure Leistung ist. Dafür erwartet es Liebe und Anerkennung vom Denk-Ich.

Das Fühl-Ich möchte, dass man ihm vertraut, so wie ein Kind möchte, dass seine Eltern ihm vertrauen. Wenn es durch starke Gefühlsimpulse überfordert ist, erwartet es vom Denk-Ich durch Hinweise, wie es mit der Situation umgehen soll, beschützt, geführt und getröstet zu werden. Ebenso erwartet es vom Denk-Ich auch kontinuierliche Willensaktionen, weil es das Gefühl braucht, eine sinnvolle Aufgabe zu erfüllen.

Das Selbstbild meines Denk-Ich formt sich aus den Glaubenssätzen und Beurteilungen, die es zunächst durch seine soziale Umgebung und die Erziehung aufgenommen hat und die es sich später durch die Erfahrungen seines eigenen Handelns bildet. Dabei benutzt das Denk-Ich als Maßstab die Kriterien der sozialen Welt, in der es lebt – jeden-

falls so lange, bis es mehr Kontakt zu seinem Höheren Selbst gefunden hat und auch nach geistigen Prinzipien urteilen kann.

Da nur das Denk-Ich über Bewusstsein, Entscheidungsfähigkeit,
geistige Projektionskraft und Sprache verfügt, liegt die Verantwortung für eine gute Kommunikation mit dem Fühl-Ich – und
damit auch für die Kommunikation mit dem Höheren Selbst –
vollkommen beim Denk-Ich.

In welcher Hinsicht ist das Denk-Ich jedoch auf das Fühl-Ich angewiesen?

- Das Fühl-Ich liefert dem Denk-Ich die Arbeitsenergie, ohne die
  es gar nicht tätig werden könnte.

- Außerdem verfügt es über den Erinnerungsspeicher im Körper
  und liefert so die Grundlagen für alle Tätigkeiten des Denk-Ich.
  Ohne die Verbindung zu diesem Speicher hat das Denk-Ich
  kein Gedächtnis, keine Fakten, kein Material, mit denen es arbeiten und Entscheidungen bilden kann usw.

- Und das Wichtigste: Ohne die Gefühlsimpulse des Fühl-Ich
  bekommt das Denk-Ich normalerweise keinen Zugang zum
  Höheren Selbst.

Nur wenn es dem Denk-Ich gelingt, dem Fühl-Ich klar zu machen, **warum** etwas wichtig ist zu tun und **was es selbst davon hat,** wird es das Fühl-Ich erfolgreich beeinflussen.

Da das Fühl-Ich in Bildern denkt, muss ihm das Denk-Ich seine
Anweisungen möglichst klar und bildhaft übermitteln. Es sollte
sie so geben, dass die Fantasie und die Kreativität des Fühl-Ich
angeregt wird, dass es Lust bekommt, diese Anweisung auszuführen, so wie es ein Schüler tut, dem man eine interessante
Aufgabe übertragen hat.

Mein Denk-Ich muss sich bewusst sein, dass mein Fühl-Ich kei-
nerlei intellektuelle Neigungen hat, sondern ganz **konkret** wissen möchte, was Schritt für Schritt zu tun ist und welche Vorteile es selbst von diesen Aktivitäten hat.

Um mit der Inneren Führung erfolgreich zu kooperieren, sind Denk-Ich und Fühl-Ich aufeinander angewiesen.

Um mit dem Fühl-Ich in guter Verbindung zu sein, muss sich das Denk-Ich auf die Wesensart des Fühl-Ich einstellen.

Fünf Muster der Fehlkommunikation innerhalb der Persönlichkeit

Jede Fehlkommunikation zwischen Denk-Ich und Fühl-Ich führt zu einem der 38 negativen Seelenzustände der Bach-Blütentherapie. Die Bilder zeigen, ob und wie der goldene »Seelenvogel« der Inneren Führung als Vermittler der Impulse des Höheren Selbst mit der Persönlichkeit verbunden ist und wo diese den Zugang zur kosmischen Energiequelle unterbrochen hat. Die Persönlichkeitsinstanz, von der die Störung ausgeht, ist (außer Nr. 1) jeweils rechts im Bild gezeigt.

1 Das **Fühl-Ich** vergisst, dass es eine Verbindung zum Höheren Selbst hat, wendet sich aber auch nicht an das **Denk-Ich**. Das **Denk-Ich** kann nicht aktiv werden (z. B. Aspen, S. 32).

2 Das **Fühl-Ich** ist mit dem **Denk-Ich** in einen Teufelskreis verstrickt und hat dadurch den Kontakt zum Höheren Selbst verloren. Beide sind nur noch miteinander beschäftigt (z. B. Pine, S. 98).

3 Das **Fühl-Ich** hat keine Verbindung mehr zur Inneren Führung, das schwache **Denk-Ich** übernimmt die Gefühle des **Fühl-Ich**, anstatt sie durch Bewusstsein zu relativieren. Dadurch wird das **Fühl-Ich** überfordert (z. B. Centaury, S. 38)

4 Das **Denk-Ich** hat sich vom **Fühl-Ich** abgekoppelt. Es bekommt daher keine Inspirationen von der Inneren Führung und keine Energie, entscheidet einseitig und kocht im eigenen Saft (z. B. Oak, S. 92).

5 Das **Denk-Ich** reißt das **Fühl-Ich** mit und benutzt es als Werkzeug. Das **Fühl-Ich** verliert dadurch den Kontakt zum Höheren Selbst (z. B. Vine, S. 122)

Positive Kommunikation

Das **Fühl-Ich** in Verbindung mit der Inneren Führung sendet Impulse zum **Denk-Ich**. Das **Denk-Ich** akzeptiert die Impulse, prüft und entscheidet konstruktiv im Sinne des Lebensplans. Die Rückmeldung an das **Fühl-Ich** löst Freude aus, die die Persönlichkeit bewusst im Herzen erlebt.

Die negativen Folgen der Fehlkommunikation

Für das Fühl-Ich ist es sehr schwierig, die Verbindung zum Höheren Selbst aufrechtzuerhalten, wenn es zur Überbrückung der Kommunikationskluft mit dem Denk-Ich zu viel Energie aufwenden muss. In solchen Situationen sammelt sich im Speicher des Fühl-Ich immer mehr Ungelöstes und Unerledigtes an: Verworrene Empfindungen, halb verdaute negative Glaubenssätze, abgelehnte energetische Impulse, die sich immer mehr verformen und zu Psychotoxinen werden.

Ungelöstes und Unerledigtes ist Gift für die Seele

Die Folge: Um die Verbindung zum Denk-Ich aufrechtzuerhalten, muss das Fühl-Ich quasi einen Spagat vollziehen, und dadurch verzerren sich auch seine Empfangsorgane gegenüber den Botschaften des Höheren Selbst. Die Wahrnehmung der Inneren Führung wird immer verschwommener.

Das Fühl-Ich sucht auf der falschen Ebene nach Lösungen, kann trügerische Angebote nicht mehr von echten Lösungsmöglichkeiten unterscheiden, weil durch die Verzerrungen auch seine Instinkte immer mehr versagen.

Das ist der Grund, warum alle spirituellen Traditionen so großen Wert auf Reinigung unserer seelischen Empfangsorgane legen. Pflanzenenergien spielten dabei seit jeher ein bedeutende Rolle.

Seelengifte / Psychotoxine

Ähnlich wie unverträgliche Nahrungsreste den Körper belasten, kann man sich Psychotoxine vorstellen als seelisch unverdauliche energetische Ballungen falscher Glaubenssätze. Zum Beispiel: »Ich bin nicht wert zu leben.« Solche Glaubenssätze sind deshalb falsch, weil sie geistigen Prinzipien und ewigen Wahrheiten widersprechen. Zum Beispiel der Wahrheit: »Jeder Mensch ist es wert zu leben und hat eine Aufgabe, denn sonst würde er nicht leben.« Solche seelischen Giftstoffe, die nicht in Einklang mit dem Prinzip der »Inneren Führung und dem Prinzip der großen Einheit stehen, bilden Blockierungen und Schlacken im Energiefluss, da sie nicht für positives Handeln im Sinne des eigenen Lebensplans und des großen Schöpfungsplans benutzt werden können.

Die Arbeit mit den Bach-Blütenkonzepten

Zur Wirkungsweise der Bach-Blüten

Als Wachstumskatalysatoren können die Bach-Blüten spezifische Stagnationen im Bewusstseinsprozess wieder in Gang bringen. Sie entzerren 38 destruktive Reaktionsmuster menschlichen Verhaltens und führen sie in ihren ursprünglichen harmonischen Zustand zurück. Dadurch reinigt sich das Fühl-Ich von Psychotoxinen und wird automatisch wieder aufnahmefähiger für die Botschaften des Höheren Selbst.

Die Bach-Blüten »ersetzen« also nichts, sondern bewirken eine Richtungsveränderung im Energiefluss. Die Impulse der Inneren Führung kommen wieder in Reichweite der Persönlichkeit.

Bach-Blüten ebnen den Weg für die Inspirationen des Höheren Selbst

Die Bach-Blütenwirkung kann auf drei Ebenen erfahren werden:

- auf der spirituellen Ebene als Wiederausrichtung auf den eigenen Lebensplan, die erlebt wird als eine spezifische Form gelassener, wacher Bereitwilligkeit, sich dem Leben mit Selbstvertrauen zuzuwenden.
- auf der psychischen Ebene als bewusstere Erlebnisverarbeitung und damit als stärkere Entfaltung der eigenen Anlagen und Talente. Die Folge ist eine bessere Lebensbewältigung.
- auf der physischen Ebene als Harmonisierung von Folgen, die durch unharmonische Nutzung der beiden Gehirnhälften im vegetativen Nervensystem hervorgerufen werden.

Sie können diese Wirkung noch verstärken

Wenden Sie das Heile-Dich-Selbst-Prinzip ganz bewusst an, indem Sie sich Ihrem Fühl-Ich und damit Ihrer Verbindung zur Inneren Führung ab heute vollkommen zuwenden.

Vollkommen heißt nicht mal ja und mal nein, sondern immer. Greifen Sie mit Ihrem Denk-Ich die energetischen Impulse der Bach-Blüten auf und arbeiten Sie gezielt mit ihnen weiter – zum Beispiel in einem Tagebuch oder jeder anderen Form der Bewusstseinsarbeit.

Denn je tiefer Sie die Lernthemen der einzelnen Bach-Blüten in der Bedeutung für Ihr eigenes Leben erkennen, desto schneller können Sie die gewünschte Bewusstseinserweiterung herbeiführen.

Die Übungen im folgenden Teil wollen in diesen Prozess auf einfache Weise einführen. Dazu einige Empfehlungen:

- Arbeiten Sie höchstens mit einer Blüte pro Tag, nehmen Sie sich nach Möglichkeit sogar länger Zeit, z. B. ein Wochenende oder eine ganze Woche.
- Natürlich können Sie bei der ersten Blüte anfangen und sich nacheinander in der Reihenfolge von 1 bis 38 durcharbeiten. Empfehlenswerter ist es aber, die Auswahl jeweils im Zusammenklang mit der für Sie stimmigen Zeitqualität zu treffen.
- Zentrieren Sie sich vor jeder Übung.
- Behalten Sie eine spielerische Leichtigkeit bei, steigern Sie sich nicht zu sehr in die Übungen hinein, übertreiben Sie nichts, sonst macht Ihr Fühl-Ich nicht mit.

Was bedeutet zentrieren?

Man könnte statt vom Zentrieren auch von meditieren, sich erden oder von Kontemplation sprechen – egal welches Wort benutzt wird, es bedeutet letztlich: unsere ganze Aufmerksamkeit bewusst nach innen zu lenken, an einen Ort, wo man sich stabil und sicher fühlt, wo man Anschluss an sich selbst findet.

• Sollten Sie durch eine Übung aus dem seelischen Gleichgewicht kommen, bringen Sie sich durch Zentrierung wieder in die seelische Balance oder nehmen Sie die entsprechende Bach-Blüte im Wasserglas ein oder brechen Sie eventuell die Übung ab – beginnen Sie am nächsten Tag noch einmal damit, eventuell zusammen mit einem Partner.

Leitfaden für den Übungsteil

Die Blüten-Übungen bringen das Blüten-Prinzip bewusst auf eine scheinbar banale Alltagsebene: die Ebene, wo es sich zeigt, wo man es erleidet – die einzige Ebene, auf der man es auch bewusst transformieren kann. Die Übungen richten sich teilweise mehr an Ihr Fühl-Ich und teilweise mehr an Ihr Denk-Ich.

Hinweis: Rescue ist im Übungsprogramm nicht enthalten, da es für kein individuelles Prinzip steht.

Bearbeiten Sie die enthaltenen Blüten Clematis, Rock-Rose, Cherry Plum, Impatiens, Star of Bethlehem einzeln in den Kapiteln.

Übung 1:
Erleben Sie den negativen Blüten-Zustand ganz bewusst:

Diese Übung soll den Lesern, die mit dem betreffenden Blüten-Zustand bisher wenig Erfahrung hatten, helfen, sich in den Zustand direkt hineinzuversetzen, ihn »hautnah« zu erleben. Sollten Sie das betreffende Bach-Blütengefühl bereits gut kennen, können Sie diese Übung überspringen.

Übung 2: Entwickeln Sie Ihr positives Blüten-Potenzial:

Die zweite Übung bildet eine Brücke, die Ihnen hilft, vom negativen ins positive Potenzial des Prinzips hineinzugleiten. Auch diese Übungen sind einfach gehalten – die Fragen können Sie mit Familienmitgliedern, sogar schon mit Kindern durchgehen. Wir empfehlen Ihnen, keine gravierenden und vielschichtigen Probleme auf diese Art lösen zu wollen. Fangen Sie mit etwas Einfachem an und erleben Sie den Umschlag vom Negativen ins Positive.

Ihr Bach-Blüten-Journal/Ihr Bach-Blüten-Profil

Legen Sie ein Tagebuch als A4-Heft oder Ringordner an. Halten Sie darin Ihre Erfahrungen mit den Übungen fest und fassen Sie sie zum Schluss zu jeder Blüte wie folgt zusammen:

So erarbeiten Sie sich Ihr persönliches Bach-Blüten-Profil. Falls Sie später einmal in einen negativen Zustand abrutschen sollten, können Sie hier nachschlagen, über welche persönliche, während der Übungen gefundene Brücke, Sie schnell wieder ins positive Potenzial hineinkommen.

Beispiel: Gentian

Meine wichtigste Erfahrung zu Gentian:	*»Wenn ich im Gentian-Zustand bin, wiederhole ich das Verhalten meiner Mutter.«*
Negatives Gentian-Potenzial ist für mich:	*»Zu bezweifeln, dass aus einem geplanten Projekt etwas wird.«*
In welchem Lebensbereich ist für mich das Gentian-Prinzip besonders wichtig?	*»Im Privatleben, im Verhältnis zu meiner Mutter.«*
Positive Gentian-Qualität: ist für mich:	*»Darauf zu vertrauen, dass aus einem geplanten Projekt ein Erfolg wird.«*
Meine Brücke zum positiven Gentian-Potenzial ist: Dieser Punkt sollte dazu führen, dass Sie sich mit der Zeit auch ohne Tropfeneinnahme bewusst an Ihr positives Potenzial der betreffenden Blüte anschließen können.	*»Ich sehe vor mir und fühle wieder die Freude, als ich als kleines Mädchen beim Schulsportfest den Hürdenlauf gewonnen habe, obwohl ich vorher sehr daran gezweifelt hatte, dass ich es schaffen könnte.«*
Wo habe ich das positive Gentian-Potenzial heute verwirklicht:	*»Ich bin in der Kaffeepause nicht in die pessimistischen Diskussionen meiner Kollegen eingestiegen.«*
Welche positive Gentian-Aktivität werde ich in den nächsten Tagen unternehmen:	*»Ich werde meine pessimistische Tante anrufen und ihr Mut zusprechen.«*
Wann?	(Datum der Erledigung einsetzen)

1. Agrimony
Die Ehrlichkeitsblüte

▶ Von der Scheinharmonie …
                    zum inneren Frieden

Woran erkennen Sie einen negativen Agrimony-Zustand?

An **Reaktionen** wie
- Sie beschönigen oder verdrängen unangenehme Nachrichten fast sofort.
- Bei Auseinandersetzungen zwischen zwei Freundinnen spielen Sie zwanghaft den Friedensstifter.

An **Gefühlen** wie
- Quälende innere Ruhelosigkeit

An **Gedanken** wie
- Keep smiling,
- Was ich wirklich fühle, braucht niemand zu wissen.

So ging der Kontakt zur Inneren Führung verloren

Das **Fühl-Ich** hat einen starken Wunsch nach Harmonie und ist durch viele verletzende Gefühlserlebnisse überfordert. Statt diese gemeinsam mit dem **Denk-Ich** zu bearbeiten und sich dabei auch an das Höhere Selbst zu wenden, flüchtet das **Fühl-Ich** in eine Scheinharmonie. Es verdrängt, was schmerzhaft werden könnte, und gibt nur schöngefärbte Bilder an das **Denk-Ich** weiter. Dadurch wird das **Denk-Ich** in seiner Tätigkeit reduziert.

Machen Sie sich den negativen Agrimony-Zustand bewusst

Übung 1: Maske auf ... Maske ab ...

Sehen Sie in einen Spiegel, und setzen Sie eine fröhliche Miene auf. Erspüren Sie, wie sich Ihre Gesichtsmuskeln dadurch immer mehr verspannen.

Halten Sie diese Spannung ca. zwei Minuten. Beobachten Sie in dieser Zeit Ihre Gefühle und Ihre Gedanken.

Lassen Sie dann die Maske fallen, und erleben Sie, wie sich Ihr Gesichtsausdruck verändert. Wo sonst im Körper lässt Spannung nach? Welche Gefühle und Gedanken haben Sie jetzt?

Um den Unterschied zwischen beiden Zuständen noch intensiver zu spüren, können Sie diese Übung im Laufe des Tages wiederholen.

Halten Sie Ihre Eindrücke schriftlich fest.

Überprüfen Sie abends im Bett Ihr Gesicht auf »Maskenreste« bzw. vom Tage zurückgebliebene Anspannungszustände. Fragen Sie sich: »Wo habe ich heute krampfhaft mein Gesicht gewahrt? Welche Verspannungen sind innerlich und äußerlich dabei aufgetreten?« Konzentrieren Sie sich dann auf eine Gesichtspartie nach der anderen, und spüren Sie möglichen Spannungen nach. Versuchen Sie, diese mit dem Ausatmen ganz bewusst loszulassen.

So wird der Kontakt zur Inneren Führung wiederhergestellt:

Das **Fühl-Ich** muss erkennen, dass Harmonie und Disharmone untrennbare Pole sind. Es muss lernen, sich beiden zu stellen und seine Gefühle und Befürchtungen vor sich selbst zuzulassen und mit dem **Denk-Ich** zu bearbeiten.

Nur so kann das **Denk-Ich** helfen zu erkennen, wie Sie in Zukunft konstruktiver mit diesen Gefühlen umgehen können.

Die bewusste Entscheidung

▶ Ich entscheide mich, mir selbst und anderen gegenüber ehrlich zu sein und vertrauensvoll eine harmonische Verbindung zu meinem Höheren Selbst aufzubauen. Durch meine Innere Führung bekomme ich die Kraft, mich den positiven und negativen Ereignissen des Lebens zu stellen, zu wachsen und inneren Frieden zu finden.

Entwickeln Sie positives Agrimony-Potenzial

Zeigen Sie jetzt auch äußerlich Ihr wahres Gesicht: Gehen Sie auch mal ungeschminkt oder unrasiert aus dem Haus.

Übung 2: Der Drei-Stufen-Ehrlichkeitsplan

1 Setzen Sie sich nach dem Aufstehen auf einen Stuhl oder auf die Bettkante, stellen Sie eine Kurzzeituhr auf 1 Minute, und spüren Sie in sich hinein. Sprechen Sie laut aus, wie Sie sich zur Zeit fühlen – *z. B.: »Ich bin innerlich angespannt.«* – oder artikulieren Sie etwas, das Sie bezüglich des vor Ihnen liegenden Tages ängstigt – *z. B.: »Ich fürchte mich vor dem Gespräch mit Frau N.«* Wenn Sie diese Übung nicht 1 Minute lang durchhalten können, machen Sie noch einen weiteren Anlauf zu einem anderen Zeitpunkt.

2 Gehen Sie jetzt ins Badezimmer, und sprechen Sie die gleichen Gefühle vor dem Spiegel aus. Beobachten Sie dabei Ihr Gesicht. Was fühlen Sie dabei?

3 Sprechen Sie mit einem vertrauten Menschen ehrlich über Ihre Gefühle oder über eine starke Befürchtung. Lassen Sie sich dabei vom anderen nicht frühzeitig ablenken oder trösten, sondern versuchen Sie, mit ihm – wenn das möglich und sinnvoll ist – eine Lösung zu erarbeiten.

So erkennen Sie, dass Ihr positives Agrimony-Potenzial wächst:

Sie stellen z. B. fest:

▶ Ich bin mir selbst und anderen gegenüber ehrlicher als früher und habe mehr Kraft, Konflikte auszutragen.

2. Aspen

Die Ahnungsblüte

▶ Von dunkler Vorahnung …
              … zu bewusster Sensibilität

Woran erkennen Sie einen negativen Aspen-Zustand?

An **Reaktionen** wie
- Sie betreten bestimmte Lokale nicht, weil Ihnen die Atmosphäre unangenehm ist.
- Ein Kind traut sich nicht, einzuschlafen – das Licht muss brennen bleiben.
- Sie haben Angst davor, allein in den Keller zu gehen

An **Gefühlen** wie
- Grundloses Unbehagen
- Wittern einer vermeintlichen Gefahr
- Die inneren Antennen bewegen sich in einem unbekannten dunklen Raum.

An **Gedanken** wie
- Das durchblicke ich nicht, das macht mir Angst.
- Ich bin zu feinfühlig.

So ging der Kontakt zur Inneren Führung verloren

Das **Fühl-Ich** wird von negativen inneren Bildern und unbewussten Angst-Assoziationen hypnotisiert. Diese kann es nicht verarbeiten, es bleibt darin befangen, weil es weder das Höhere Selbst noch das **Denk-Ich** zur Unterstützung aufruft. So bleibt das **Denk-Ich** hilflos und untätig. Wahrnehmungen können nicht auf ihren Realitätsgehalt geprüft und eingeordnet werden. Alles bleibt in der Schwebe. Ein Lernprozess findet nicht statt.

Machen Sie sich den negativen Aspen-Zustand bewusst

Besuchen Sie einen Ort, der Ihnen unangenehm ist, zum Beispiel einen dunklen Keller, ein Lagerhaus, einen Friedhof, ein einsames Waldstück, und analysieren Sie Ihre Eindrücke. Machen Sie diesen Besuch beim ersten Mal bei Tageslicht, bei elektrischem Licht oder mit einem Freund im Hintergrund.

Übung 1: Der unheimliche Ort

Suchen Sie Ihren unheimlichen Ort nun bei Dunkelheit auf.	*Beispiel: Gehen Sie mit der Taschenlampe in den Keller und lassen Sie im Schein der Lampe die Gegenstände an den Wänden zu bedrohlichen Gespenstern werden.*
Achten Sie auf Geräusche, auf Gerüche, auf Ihre Ängste und Vermutungen. Halten Sie sie fest.	*»Ich sehe einen großen, dunklen Kasten. Er knarrt und knackt. Vielleicht ist da jemand drin. Ich habe Angst, dass er mir etwas tun will. Es riecht nach Verwesung ...«*
Machen Sie nun das Licht an oder kommen Sie am Tag wieder. Halten Sie fest, was Sie jetzt wahrnehmen.	*»Kellerraum, etwa 13 m², Kleiderschrank, mehrere Koffer – dahinter Kartons, deren Inhalt ich nicht kenne – muss dringend entrümpelt werden – Modergeruch – Hausmeister muss angerufen werden ...«*

So wird der Kontakt zur Inneren Führung wiederhergestellt:

Das **Fühl-Ich** muss lernen, nicht bei seinen Gefühlseindrücken stehen zu bleiben, sondern mit Hilfe des **Denk-Ich** seine sensiblen Wahrnehmungen richtig zu interpretieren und nach den Kategorien »realistisch« und »unrealistisch« zu ordnen. So kann im Umgang mit der eigenen Sensibilität immer mehr Sicherheit gewonnen werden.

Allerdings – dieser Prozess kann Jahre dauern und erfordert Anleitung, manchmal auch therapeutische Unterstützung.

Die bewusste Entscheidung

▶ Ich entscheide mich, in unbestimmbaren Situationen nach innen zu horchen, mich vorwärts zu bewegen, meinen nüchternen Verstand einzuschalten und mein Höheres Selbst um Schutz zu bitten.

Entwickeln Sie positives Aspen-Potenzial

Analysieren Sie Ihre schriftlichen Notizen aus Übung I. Beantworten Sie nacheinander die folgenden Fragen:

Übung 2: Was steckt dahinter?

Was habe ich wahrgenommen?	**Beispiel:** *Knacken im Raum.*
Welches Gefühl hat das in mir ausgelöst? Wie habe ich reagiert?	*Angst. Atemanhalten. Sträuben der Nackenhaare.*
Welche Vermutung habe ich zunächst gehabt?	*Es könnte jemand hinter dem Schrank stehen.*
Was war die Realität bei nüchterner Betrachtung?	*Das Knacken ist vom Schrank ausgegangen, da sich wohl durch meinen Eintritt in den Raum die Statik des Schrankes verändert hat.*
Was tue ich, wenn ich wieder in eine solche Situation gerate?	[Entwickeln Sie eine persönliche Entscheidung auf der Grundlage der bewussten Entscheidung *(oben auf dieser Seite).*]

So erkennen Sie, dass Ihr positives Aspen-Potential wächst:

Sie stellen z.B. fest:

▶ Ich kann klarer zwischen verschiedenen Bewusstseinsebenen unterscheiden.

▶ Ich erkenne mehr und mehr, ob ein Gefühl aus meinem eigenen Inneren kommt oder ob ich es von außen aufnehme.

3. Beech
Die Toleranzblüte

▶ Vom Besserwissen ...
  ... zum besser Verstehen

Woran erkennen Sie einen negativen Beech-Zustand?

An **Reaktionen** wie
- Es fällt Ihnen sofort auf, wenn etwas nicht perfekt ist.
- Sie reagieren leicht überkritisch.
- Sie bewerten unerwartete Gefühlsausbrüche anderer als peinliche Entgleisung.

An **Gefühlen** wie
- genervt sein
- innerliche Distanz zu anderen

An **Gedanken** wie
- Ich finde immer ein Haar in der Suppe!
- Wie kann man nur ...

So ging der Kontakt zur Inneren Führung verloren

Das **Denk-Ich** hat viele Bedürfnisse des **Fühl-Ich** verdrängt. Wenn es nun durch das Verhalten anderer mit diesen Bedürfnissen in Resonanz kommt, versucht es, die Verdrängung aufrechtzuerhalten, indem es diese Verhaltensweisen beim anderen kritisiert. Dabei orientiert es sich nicht am Höheren Selbst, sondern an scheinbar idealen theoretischen Wertmaßstäben, die dem **Fühl-Ich** fremd und für die Gefühle der anderen Menschen oft verletzend sind.

Machen Sie sich den negativen Beech-Zustand bewusst

Setzen Sie sich für 45 Minuten in ein Verkehrsmittel auf einer viel befahrenen Strecke. Legen Sie sich einen Notizblock auf den Schoß und begutachten Sie Ihre Mitreisenden.

Übung 1: Suchen Sie Fehler!

Begutachten Sie Ihre Mitmenschen mit der inneren Fragestellung: Was ist hier nicht in Ordnung? Was stört mich? Welche Noten würde ich vergeben?	**Beispiel:** *Junger Mann in der Ecke, Mitte 20, Haare ungewaschen, Jacke zu klein, Ausstrahlung verbohrt, Note: ausreichend. Frau neben mir, ca. 35, leicht verhärmt, riecht leicht verschwitzt (ein Deo kann sich heute ja wohl jeder leisten?!) ...*
Wie fühlen Sie sich, wenn Sie diese negative Blickrichtung einnehmen?	[Verändert sich etwas in Ihrem Körper? in Ihrem Gefühl für die anderen? für Sie selbst? Wie verändert sich Ihre Stimmung?]
Stellen Sie sich nun vor, wie dieselben Menschen auf Sie in einer sehr positiven Lebenssituation wirken würden.	*Wie wirkt der ungewaschene Typ wohl, wenn er frisch verliebt ist? Wie wirkt die verhärmte Frau, wenn sie im Urlaub braun gebrannt mit ihren Kindern spielt?*

Wie viele negativen Punkte haben Sie gefunden? Wie leicht oder schwer fiel es Ihnen, sich das Positive vorzustellen?

So wird der Kontakt zur Inneren Führung wiederhergestellt:

Das **Denk-Ich** muss bereit sein, Verbindung zum **Fühl-Ich** aufzunehmen, die eigenen Gefühle kennen zu lernen und auch die Gefühle anderer Menschen wahrzunehmen und zu respektieren.

Über das **Fühl-Ich** kann das **Denk-Ich** den Anschluss an das Höhere Selbst gewinnen und die Relativität von Urteilen erkennen.

Die bewusste Entscheidung

▶ Ich entscheide mich, Situationen einfühlend zu beobachten, bevor ich urteile, und dabei auf die Resonanz mit meinen eigenen Gefühlen zu achten. Gleichzeitig bemühe ich mich um ein tiefereres Verständnis für Wachstumsprozesse.

Entwickeln Sie positives Beech-Potenzial

Denken Sie an eine Person oder an eine Situation, die Sie schon lange innerlich kritisieren.

Übung 2: Relativieren Sie Ihre Kritik

Ich kritisiere:	**Beispiel:** *Kollege A ist penetrant und nicht sehr intelligent.*
Wie würden Sie sich fühlen, wenn man das von Ihnen sagen würde?	*Verletzt.*
Wie begründen Sie Ihren Vorwurf?	*Wenn in einer Sitzung alles klar ist, fragt Kollege A immer wieder nach, weil er anscheinend nichts begriffen hat.*
Woran kann das liegen?	*Er ist für die Protokolle verantwortlich. Vielleicht ist er kritisiert worden, weil diese früher nicht vollständig genug waren?*
Welchen positiven Aspekt kann das Verhalten des Kritisierten haben?	*Es zwingt alle anderen, gewisse Probleme zu Ende zu denken und klar zu formulieren.*
Entdecken Sie ähnliche Züge bei sich selbst?	*Ja. Wenn mir etwas unklar ist, neige ich zu penetrantem Nachfragen ohne Rücksicht auf die Gefühle meiner Gesprächspartner.*

So erkennen Sie, dass Ihr positives Beech-Potential wächst:

Sie stellen z.B. fest:

▶ Ich kann Situationen mit Abstand auf mich wirken lassen. Ich kann sie aus mehreren Blickwinkeln betrachten.

4. Centaury
Die Blüte des Dienens

▶ Vom passiven Dienen ...

... zum aktiven Dienen

Woran erkennen Sie einen negativen Centaury-Zustand?

An **Reaktionen** wie
- Sie sagen Ja, auch wenn Sie eigentlich Nein sagen möchten.
- Freunde mahnen Sie immer wieder: »Du solltest dir weniger gefallen lassen.«

An **Gefühlen** wie
- Innere Schwäche
- Gegen Stärkere nicht ankommen können
- Weichheit, Nachgiebigkeit

An **Gedanken** wie
- Man muss sich fügen.
- Was wollen Sie, das ich tue?
- Mein Vater möchte es so!

So ging der Kontakt zur Inneren Führung verloren

Das **Fühl-Ich** sucht Anerkennung durch Gehorsam und Dienstbarkeit. Das **Denk-Ich** missversteht das Prinzip des Dienens. Es verwechselt den hingebungsvollen Dienst am großen Ganzen mit verantwortlichem, bewusstem Dienen im Alltag. Darum wagt es nicht, übertriebenen Forderungen anderer Menschen durch eine klare Entscheidung Grenzen zu setzen. So kommen beide immer weniger dazu, den eigenen Lebensplan zu erkennen und zu erfüllen.

Machen Sie sich den negativen Centaury-Zustand bewusst

Zentrieren Sie sich, und notieren Sie dann drei bis fünf Situationen, in denen Sie »Nein« sagen wollten, es aber aus irgendwelchen Gründen nicht getan haben. Gliedern Sie Ihre Eintragung wie folgt:

Übung1: Wo bin ich zu nachgiebig?

	Beispiel: *Ich konnte nicht Nein sagen, als Mutter mich bat, ihren Balkon zu bepflanzen.*
Warum habe ich nicht Nein gesagt?	*Weil ich ihre Vorwürfe fürchte.*
Welche Nachteile hatte ich persönlich davon?	*Ich kam nicht dazu, mich auf meinen Unterricht vorzubereiten. Es gab am nächsten Tag ein Chaos in der Klasse.*

Lesen Sie Ihre Eintragungen jetzt noch einmal durch, und lassen Sie die Situationen auf sich wirken. Wie fühlen Sie sich jetzt? Notieren Sie Ihre Gefühle.

So wird der Kontakt zur Inneren Führung wiederhergestellt:

Dem großen Ganzen dient man in erster Linie, indem man seinen eigenen Lebensplan erfüllt.

Das **Fühl-Ich** muss wieder Anschluss an das Höhere Selbst bekommen, um aus der eigenen Mitte heraus zu spüren, ob die Forderungen anderer dem eigenen Lebensplan widersprechen.

Das **Denk-Ich** muss seinen Willen entwickeln, sich artikulieren und vor allem lernen, die eigenen Grenzen zu verteidigen.

Die bewusste Entscheidung

▶ Bevor ich dem Wunsch eines anderen nachgebe, frage ich mich: »Inwieweit dient dies meiner eigenen Entwicklung und der Entwicklung des anderen? Nützt oder schadet es dem großen Ganzen?« Dann entscheide ich.

Entwickeln Sie positives Centaury-Potenzial

Wählen Sie eines Ihrer Beispiele von Übung 1 aus. Machen Sie sich fit für das nächste Ereignis, bei dem Sie üben können, Nein zu sagen.

Übung 2: Üben Sie Neinsagen

Schreiben Sie einen Dialog. Wie antworten Sie auf eine Bitte, der Sie nur nachkommen können, wenn Sie dafür eine eigene wichtige Aufgabe liegen lassen?	*Mutter: »Wenn du mir nicht den Balkon bepflanzen willst, kannst du mir wenigstens die Pflanzen besorgen.« – Sie: »Nein, auch dazu habe ich keine Zeit.« – Mutter: »Dann sag mir wenigstens, was ich pflanzen soll.« – Sie: »Ist es dein Balkon oder meiner? Ich bleibe bei meinem Nein, ich will meinen Unterricht vorbereiten.«*
Beenden Sie den Dialog mit Ihrer persönlichen Willens-Formel:	*Ich, Inge Schäuble, bereite meinen Unterricht vor.*

Verlesen Sie diesen Dialog laut vor Ihrem Spiegel und beobachten Sie, wie sich Ihr Gesichtsausdruck und Ihre ganze Haltung verändert. Registrieren Sie, wie in Ihr »Nein« immer mehr Kraft und Überzeugung fließen, bis schließlich Ihre ganze Persönlichkeit dieses Nein ausstrahlt.

So erkennen Sie, dass Ihr positives Centaury-Potenzial wächst:

Sie stellen z.B. fest:

▶ Ich kann meine eigenen Bedürfnisse besser erkennen und tue mehr und mehr, was ich wirklich möchte.

5. Cerato

Die Intuitionsblüte

▶ Von Urteilsschwäche ...
                    ... zu innerer Gewissheit

Woran erkennen Sie einen negativen Cerato-Zustand?

An **Reaktionen** wie
- Man hat sich zu etwas entschlossen und sucht nun die Bestätigung seiner Mitmenschen, dass die Entscheidung wirklich richtig ist.
- Schüler »verschlimmbessern« ihre Klassenarbeit kurz vor Abgabe mit Fehlern.

An **Gefühlen** wie
- Verunsicherung
- Ratlosigkeit
- Zweifel

An **Gedanken** wie
- So einfach kann das nicht sein.
- Macht man das heute so?
- Andere wissen das besser als ich.

So ging der Kontakt zur Inneren Führung verloren

Das **Fühl-Ich** ist eingeschüchtert und irritiert, da das **Denk-Ich** seine Impulse anzweifelt und sie immer wieder verwirft. Das **Denk-Ich** glaubt, Lösungen allein mit dem Verstand finden zu müssen. Dabei zersplittert es seine Energie, weil es sich in der Außenwelt rückversichern will, um die Verantwortung nicht allein tragen zu müssen. In dieser Situation wird es für das Höhere Selbst immer schwieriger, sich bemerkbar zu machen.

Machen Sie sich den negativen Cerato-Zustand bewusst

Denken Sie an eine Angelegenheit – keine zu schwerwiegende –, die Sie in nächster Zeit entscheiden müssen. Es kann z. B. um die Installationen in Ihrem Badezimmer gehen, die dringend erneuert werden sollten.

Übung 1: Was würde Tante Anna dazu sagen?

Formulieren Sie die bevorstehende Entscheidung als Frage, notieren Sie diese in der Mitte eines Blattes und schreiben Sie blitzschnell unten auf die Seite ganz klein die erste Antwort, die Ihnen spontan dazu einfällt.

Stellen Sie sich nun vor, Sie würden sechs Personen in Ihrem Familien- und Bekanntenkreis zu Ihrem Entscheidungsproblem befragen und Sie um einen Rat bitten. Welche Antworten würden Sie erhalten?

Schreiben Sie die Namen der Ratgeber und ihre Vorschläge in Stichworten strahlenförmig um Ihre Frage herum und vertiefen Sie sich dabei in die jeweiligen Antworten.

Wie geht es Ihnen dabei? Fühlen Sie sich bereichert, nervös, zersplittert, innerlich mehr und mehr durcheinander? Und sind Sie jetzt besser in der Lage, eine Entscheidung zu treffen? Notieren Sie Ihre Eindrücke.

So wird der Kontakt zur Inneren Führung wiederhergestellt:

Die richtigen Antworten für seinen eigenen Lebensplan findet man nicht im Außen, sondern nur im eigenen Inneren. Die innere Führung äußert sich über die Stimme der Intuition, in der Gefühl und Verstand zusammenwirken.

Das **Denk-Ich** muss sich dem **Fühl-Ich** zuwenden und dankbar anerkennen, dass bei guter Zusammenarbeit mit Sicherheit immer die richtigen Entscheidungen getroffen werden können.

Die bewusste Entscheidung
▶ Wenn ich eine Antwort für mich suche, wende ich mich nach innen und vertraue dem ersten Impuls, den ich empfange, sei es als Bild, Idee, Gefühl, Ereignis ...

Entwickeln Sie positives Cerato-Potenzial
Wenden Sie sich nun innerlich an Ihr Fühl-Ich. Überprüfen Sie, wie die Ratschläge Ihrer sechs Familienangehörigen und Bekannten auf Ihr Fühl-Ich wirken, indem Sie in Ihren Solarplexus hineinspüren; wie ist Ihr »Bauchgefühl«?

Übung 2: Meine Meinung, meine Entscheidung
Fertigen Sie eine Liste an, indem Sie immer links einen Ratschlag, rechts das dadurch ausgelöste Gefühl notieren.

Tante Anna: Ich soll das Geld lieber sparen.	*Unbefriedigend.*
Schwester: Nimm doch eine Billiglösung!	*Dann lasse ich es gleich.*
Freund: Gleich ganze Wohnung renovieren.	*Dabei wird mir schwindelig.*

Analysieren Sie die Ratschläge auch nach folgenden Kriterien:
• **Was davon war mir eigentlich unbewusst klar?**
• **Was löst nicht mein Problem, sondern das des Ratgebers?**
• **Welche Ratschläge setzen mich unter Druck, machen mir Schuldgefühle, wenn ich sie nicht befolge?**

Fragen Sie sich: »Wie erkenne ich, ob eine Entscheidung für mich stimmt?« Zum Beispiel an einer bestimmten Körperreaktion wie Kribbeln o. Ä., an einem bestimmten Gedanken, an einem Gefühl wie Freude oder Erleichterung.

Verwenden Sie dieses Gefühl künftig als Kriterium bei Entscheidungen!

So erkennen Sie, dass Ihr positives Cerato-Potenzial wächst:
Sie stellen z.B. fest:
▶ Ich kann mir jetzt schneller meine eigene Meinung bilden und dazu stehen.

6. Cherry Plum
Die Gelassenheitsblüte

▶ Von Überspannung … zu Entspannung

Woran erkennen Sie einen negativen Cherry-Plum-Zustand?

An **Reaktionen** wie
- Ich möchte jemandem »eine reinhauen« oder einen Fußtritt versetzen, beherrsche mich aber eisern.

An **Gefühlen** wie
- Aufbau von Innenspannung
- Angst, die Selbstkontrolle zu verlieren

An **Gedanken** wie
- Es ist zum Aus-der-Haut-Fahren.
- Gleich platze ich.

So ging der Kontakt zur Inneren Führung verloren

Das **Denk-Ich** wehrt sich massiv gegen die Gefühlsimpulse des **Fühl-Ich**, weil es fürchtet, sie gedanklich nicht in den Griff zu bekommen. Dadurch ist das **Fühl-Ich** blockiert und kann auch keine neuen Impulse des Höheren Selbst mehr aufnehmen. Der Lernprozess stagniert. Diese Vermeidungsstrategie funktioniert so lange, bis die innere Spannung zu groß wird und sich im falschen Moment entlädt.

Machen Sie sich den negativen Cherry-Plum-Zustand bewusst

Versuchen Sie mal, einen sprudelnden Gartenschlauch mit Ihrer Hand zu verschließen, und beobachten Sie, wie lange Sie dem Druck widerstehen können.

Übung1: Horten Sie Ihre Gefühle

Versetzen Sie sich einen Vormittag lang ganz bewusst in den negativen Cherry-Plum-Zustand	**Beispiel:** *Tragen Sie einen Vormittag lang einen zu engen Blazer oder Rock oder eine Hose mit zu eng geschnalltem Gürtel.*
Wie ist es Ihnen dabei gegangen?	*Es war anstrengend.*
Welche Gefühle und Gedanken haben sich in Ihnen angestaut?	*Ich fühlte mich eingeengt und unter Druck.*
Sind Sie unruhig geworden?	*Ja, sehr.*
Mussten Sie die Übung vielleicht sogar abbrechen?	*Ja, nach zwei Stunden hielt ich es nicht mehr aus...*

In den nordeuropäischen Ländern sind wir dazu erzogen worden, keine intensiven Gefühle zu zeigen. Darum ist der Cherry-Plum-Zustand in unseren Breiten besonders häufig zu finden, vor allem bei Menschen, die von Berufs wegen keine Emotionen zeigen dürfen: in einer Reklamations-Abteilung oder bei Polizisten, die verbal oder tätlich angegriffen werden.

So wird der Kontakt zur Inneren Führung wiederhergestellt:

Das **Fühl-Ich** muss sich selbst annehmen und die Angst vor den eigenen Gefühlen und den Gefühlsimpulsen des Höheren Selbst aufgeben. Das **Denk-Ich** muss die Existenz meines **Fühl-Ich** akzeptieren und dessen Impulse bereitwillig bearbeiten. Beide müssen darauf vertrauen, dass unter Führung des Höheren Selbst nichts Schädliches passieren kann.

Die bewusste Entscheidung

▶ Sobald ich eine Situation geistig nicht mehr kontrollieren kann, öffne ich mich bewusst für die Weisungen meines Höheren Selbst, um dann vertrauensvoll danach zu handeln.

Entwickeln Sie positives Cherry-Plum-Potenzial

Besorgen Sie sich dazu eine Tischglocke oder etwas Ähnliches, mit dem Sie schnell Signale geben können. Nehmen Sie sich eine Illustrierte, blättern Sie sie durch, und drücken Sie bei der ersten wahrnehmbaren Emotion auf die Glocke.

Übung 2: Lernen Sie Ihre Gefühle kennen und lieben

Nehmen Sie dieses Gefühl jetzt bewusst wahr, akzeptieren Sie es.	*Aha, Beklemmung.*
Sprechen Sie dieses Gefühl laut aus.	*Ich fühle mich unwohl, beklommen.*

Dramatisieren Sie dieses Gefühl. Sprechen Sie es mehrfach in verschiedenen Stimmlagen und mit unterschiedlicher Lautstärke aus. Singen Sie es und begleiten Sie es mit Gesten.

Analysieren Sie das Gefühl. Wie hat sich der erste Impuls geäußert? Durch welches Körpergefühl?

Woher kennen Sie das Gefühl? Wann in Ihrem Leben hatten Sie ähnliche Gefühle? Was vermittelt Ihnen dieses Gefühl?

So erkennen Sie, dass Ihr positives Cherry-Plum-Potenzial wächst:

Sie stellen z.B. fest:

▶ Ich kann eigene Gefühlsimpulse früher erkennen, besser akzeptieren und mich ausdrücken, bevor sich zu viel Spannung angesammelt hat. Deshalb reagiere ich in vielen Situationen gelassener als früher.

7. Chestnut Bud

Die Lernblüte

▶ Vom Leichtsinn ... zur Erfahrung

Woran erkennen Sie einen negativen Chestnut-Bud-Zustand?

An **Reaktionen** wie
- Sie ertappen sich immer wieder in den gleichen unbefriedigenden Situationen, wissen aber nicht, wie Sie dort hineingeraten sind.
- Sie sind im Gespräch nicht bei der Sache und stellen, ohne es zu bemerken, immer wieder die gleichen Fragen.

An **Gefühlen** wie
- Verwunderung
- innere Getriebenheit, Automatismus
- Indifferenz

An **Gedanken** wie
- Irgendwie wird es schon gehen.
- Wenn ich das fertig habe, mache ich das, danach das, dann das ...

So ging der Kontakt zur Inneren Führung verloren

Das **Fühl-Ich** möchte nicht mehr an negative Erfahrungen erinnert werden und versucht, sie zu blockieren. Das **Denk-Ich** bemüht sich nicht, die Gründe dafür herauszufinden, sondern nimmt lieber in Kauf, dass bei der nächsten ähnlichen Gelegenheit automatisch wieder das Gleiche passiert. So entsteht ein ewiges »Stop and go« im Lernprozess. Neue Impulse des Höheren Selbst werden nicht wahrgenommen.

Machen Sie sich den negativen Chestnut-Bud-Zustand bewusst

Im Chestnut-Bud-Zustand unterliegt man einem inneren Automatismus. Bringen Sie sich folgendermaßen in diesen Zustand hinein:

Übung1: Händewaschen im Akkord

Stellen Sie eine Kurzzeituhr auf 15 Minuten.

Gehen Sie ins Badezimmer und waschen Sie sich die Hände, so, wie Sie es für gewöhnlich tun, also ganz automatisch: nass machen, einseifen, abspülen, abtrocknen, eincremen...

Tun Sie das flott und mehrmals hintereinander, so lange, bis die 15 Minuten um sind.

Beobachten Sie dabei, was Sie überhaupt noch wahrnehmen. Merken Sie, wie Sie gedanklich immer weiter abschweifen und immer automatischer handeln? Merken Sie, dass Sie z. B. den Wasserhahn nie richtig abdrehen?

Notieren Sie Ihre Beobachtungen.

So wird der Kontakt zur Inneren Führung wiederhergestellt:

Jedes Ereignis hat seine Bedeutung und birgt eine Entwicklungschance.

Das **Denk-Ich** muss sich auf mein **Fühl-Ich** zubewegen und es ermutigen, sich wieder an das Höhere Selbst zu wenden, im Vertrauen darauf, dass es von dieser Instanz immer konstruktive Lernimpulse bekommt. Mein **Denk-Ich** muss bereit sein, diese Impulse auch zu bearbeiten, damit Lernprozesse ablaufen und Erfahrungen für seine Entwicklung wirklich voll genutzt werden können.

Die bewusste Entscheidung
▶ Ich entscheide mich, unter der Führung meines Höheren Selbst von jetzt ab in der Schule des Lebens besser mitzumachen, alles genauer zu beobachten und, bevor ich handele, über die möglichen Konsequenzen nachzudenken.

Entwickeln Sie positives Chestnut-Bud-Potenzial
Durchbrechen Sie eine Automatik: Waschen Sie sich noch einmal die Hände, aber im Zeitlupentempo. Beobachten Sie wie ein Drehbuchautor genau die einzelnen Phasen. Erkennen Sie, dass Sie bei bewusster Beobachtung jedes Handlungsdetails den Ablauf in jeder Phase verändern können.

Übung 2: Durchbrechen Sie eine Automatik

Welche Angewohnheit möchte ich mir gern abgewöhnen?	*Beim Händewaschen den Wasserhahn im Bad nicht richtig abzudrehen.*
Welches ist der Punkt, an dem ich in eine geistige Automatik falle?	*Ich greife schon mit der Linken zum Handtuch, während ich mit der Rechten noch flüchtig am Wasserhahn drehe.*
Was kann ich tun, um diesen Automatismus zu stoppen?	*Ich könnte das Handtuch so weit weghängen, dass ich zum Abtrocknen vom Waschbecken wegtreten muss.*
Wann fange ich damit an?	*Jetzt. Ich hänge das Handtuch sofort um.*

So erkennen Sie, dass Ihr positives Chestnut-Bud-Potenzial wächst:
Sie stellen z.B. fest:
▶ Ich erkenne meine automatischen Reaktionsmuster.
▶ Ich weiß besser, warum ich etwas tue, und lerne täglich dazu.

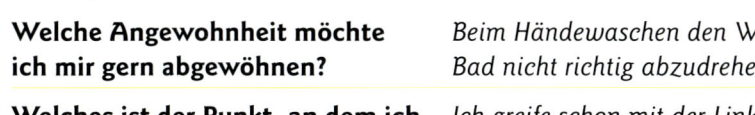

8. Chicory

Die Mütterlichkeitsblüte

▶ Von der fordernden Liebe ...

... zur gelassenen Liebe

Woran erkennen Sie einen negativen Chicory-Zustand?

An **Reaktionen** wie

- Man gibt etwas, um etwas zu bekommen, z. B.: Man kommt mit einer Flasche Wein zum Nachbarn, um zu erreichen, dass er ohne Widerspruch die defekte Klingelanlage repariert.

An **Gefühlen** wie

- Hunger nach seelischen Streicheleinheiten
- Man fühlt sich zurückgesetzt, nicht genügend geliebt
- Innerlich im Zugzwang

An **Gedanken** wie

- Das steht mir zu.
- Das ist man mir schuldig.

So ging der Kontakt zur Inneren Führung verloren

Das **Fühl-Ich** ist seelisch unterversorgt und hungert nach Zuwendung. Um das Defizit aufzufüllen, wendet es sich jedoch nicht an das Höhere Selbst, sondern an das **Denk-Ich**. Das **Denk-Ich** macht sich zum Werkzeug des **Fühl-Ich**, setzt seine Fähigkeiten dazu ein, die nie endenden Gefühlsbedürfnisse des **Fühl-Ich** zu befriedigen – und wenn es sein muss, auch zu erzwingen.

Machen Sie sich den negativen Chicory-Zustand bewusst

Entwerfen Sie einen Dialog aus etwa sechs Sätzen mit folgender Strategie: Sie möchten ein bestimmtes Ziel erreichen, den Wunsch aber nicht direkt aussprechen, sondern eine andere Person indirekt dazu bringen, Ihnen den Wunsch zu erfüllen.

Übung 1: Wie bringe ich jemanden dazu, dass ...

Beispiel: *Nach einem anstrengenden Tag im Büro sind Sie zu müde, um zu kochen, und möchten Ihren Partner dazu bringen, mit Ihnen essen zu gehen.*

Sie: »Hast du schon die wunderschöne Markise beim Italiener an der Ecke gesehen?«

Er: »Welche Markise, an welcher Ecke?«

Sie: »An der Ecke hat ein neuer Italiener aufgemacht, und Nina hat mir erzählt, dass sie dort einen sehr netten Abend verbracht und wunderbares Tiramisu gegessen hat.«

Er (isst gern Tiramisu, daher jetzt etwas aufmerksamer): »Tiramisu?«

Sie: »Noch hat der Italiener preiswerte Einführungsmenüs, aber heute Abend ist er sicher ausgebucht. Das lässt sich doch niemand entgehen ...«

Er, angefeuert durch den scheinbaren Widerstand: »Was heißt ausgebucht? Lass uns doch einfach mal rübergehen ...«

So wird der Kontakt zur Inneren Führung wiederhergestellt:

Liebe ist unerschöpflich vorhanden, wenn man mit Hilfe seines Höheren Selbst den Anschluss an die göttliche Liebesquelle im eigenen Inneren findet. Weil man nach dem Resonanzgesetz das anzieht, was man ausstrahlt, wird man dann auch in der Außenwelt Gegenliebe finden.

Das **Fühl-Ich** muss die Existenz meines Höheren Selbst anerkennen und sich seiner Führung anvertrauen.

Das **Denk-Ich** muss das **Fühl-Ich** auf diesem Weg ermutigen und unterstützen.

Die bewusste Entscheidung

▶ Ich akzeptiere, dass ich die Gefühle anderer Menschen nicht steuern oder festhalten kann. Ich erkenne, dass ich das, was ich suche und was mir auch zusteht, nicht in einem anderen Menschen finde, sondern dass ich mich durch meine innere Führung mit der nie versiegenden Liebesquelle direkt verbinden kann. Ich respektiere, dass jeder den eigenen Lebensplan erfüllen muss.

Entwickeln Sie positives Chicory-Potenzial

Lernen Sie, Ihre Bedürfnisse besser zu erkennen, und erfüllen Sie sich Ihre Wünsche auf direktem Wege selbst.

Übung 2: Was will ich tatsächlich?

Wo mische ich mich ein?	*In die Urlaubspläne meiner Kinder. Ich versuche, sie für eine Ägyptenreise zu begeistern.«*
Was will ich dadurch für die anderen erreichen?	*Ich will ihnen unvergessliche Eindrücke und großartige Impulse vermitteln.*
Ist das wirklich für sie wichtig?	*Nein, eigentlich nicht.*
Was will ich dadurch eigentlich für mich erreichen?	*Ich möchte in die Urlaubsplanung einbezogen werden, vielleicht sogar mitfahren.*
Wie könnte ich mir dieses Bedürfnis direkt erfüllen?	*Ich könnte an einer Studienreise nach Ägypten teilnehmen.*

So erkennen Sie, dass Ihr positives Chicory-Potenzial wächst:

Sie stellen z.B. fest:

▶ Ich stehe zu meinen persönlichen Bedürfnissen, bin innerlich reicher geworden und weniger von Gefühlszuwendungen anderer Menschen abhängig.

9. Clematis

Die Realitätsblüte

▶ Von der Realitätsflucht ...
               ... zur Realitätsgestaltung

Woran erkennen Sie einen negativen Clematis-Zustand?

An **Reaktionen** wie
- Sie wissen nicht mehr, was Ihr Gesprächspartner im vorigen Satz gesagt hat.
- Sie sind nicht im Vollbesitz Ihrer Körperintuition, stoßen sich z. B. an der Tischkante.
- Sie müssen oft nach Dingen suchen, verlegen oft etwas.
- Nachrichten – egal ob gut oder schlecht – berühren Sie nicht sehr.

An **Gefühlen** wie
- nicht ganz da sein
- verträumt sein
- zerstreut sein

An **Gedanken** wie
- Wo bin ich eigentlich?
- Es wäre schön, wenn ...
- Man müsste mal ...

So ging der Kontakt zur Inneren Führung verloren

Das **Fühl-Ich** flüchtet vor verletzenden Erfahrungen in einen illusionären Raum schönge-färbter Bilder. Das **Denk-Ich** reagiert wie in Trance auf diese Bilder und hat seine Aktivitäten eingestellt. So kann sich mein Höheres Selbst nicht bemerkbar machen.

Machen Sie sich den negativen Clematis-Zustand bewusst

Er begegnet uns auf Schritt und Tritt. Sie brauchen nur die Gesichter von Menschen zu beobachten, die untätig in einer Warteschlange stehen müssen.

Übung1: Flüchten Sie in eine Traumwelt!

Kaufen Sie sich einen Groschenroman zu einem Thema, das Sie mittelmäßig interessiert, z. B. einen Arztroman, einen Krimi, einen Heimatroman.

Lesen Sie die ersten 15 Seiten, und gehen Sie bewusst in diese Welt hinein. Erleben Sie, wie Sie sich immer mehr aus der Gegenwart lösen …

Brechen Sie dann ab, und lesen Sie die gleichen 15 Seiten noch einmal, indem Sie mit einem Highlighter alle Stellen markieren, die verführerische Klischeevorstellungen wiedergeben und der Realität widersprechen.

Notieren Sie nun in Ihrem Blüten-Journal, wie viel Zeit Sie für diese Übung aufgewendet haben und welche realen Pflichten des Tages Sie in dieser Zeit hätten erledigen können.

Auch interessant: Wenn Menschen eine Lüge erzählen, schauen sie ihren Gesprächspartner selten an, weil sie innerlich auf die Scheinwelt blicken, die sie gerade konstruieren.

So wird der Kontakt zur Inneren Führung wiederhergestellt:

Das **Fühl-Ich** muss mit Hilfe des **Denk-Ich** erkennen, dass es sich die ideale Welt, die es eigentlich sucht, nicht erträumen, sondern diese nur durch Hinwendung zum Höheren Selbst erfahren kann.

Das **Denk-Ich** muss sich dafür entscheiden, das **Fühl-Ich** bei der Verarbeitung der täglichen Eindrücke aktiver zu unterstützen, Entschlüsse zu fassen und in die Tat umzusetzen. Dazu muss es seinen Willen entwickeln.

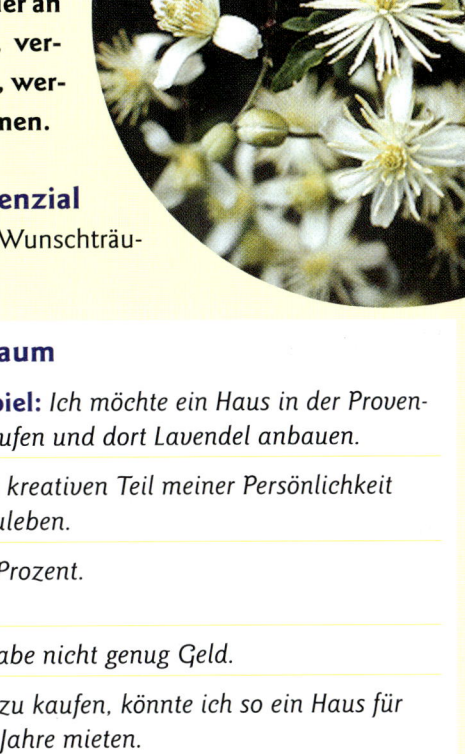

Die bewusste Entscheidung
▶ Ich entscheide mich, aus meinen Träumen auf-
zuwachen und einen aktiven Schritt ins Leben
hinein zu tun. Ich werde meine inneren Bilder an
der Realität prüfen und, was sinnvoll ist, verwirklichen. Die Kraft, die ich dazu brauche, werde ich von meinem Höheren Selbst bekommen.

Entwickeln Sie positives Clematis-Potenzial
Schreiben Sie einige Ihrer typischen Tag- oder Wunschträu-
me auf und wählen Sie einen davon aus.

Übung 2: Realisieren Sie einen Tagtraum

	Beispiel: *Ich möchte ein Haus in der Proven-ce kaufen und dort Lavendel anbauen.*
Welches reale Bedürfnis steht hinter meinem Traum?	*Einen kreativen Teil meiner Persönlichkeit auszuleben.*
Wie wahrscheinlich ist es (in Pro-zent), dass er in Erfüllung geht?	*Fünf Prozent.*
Was spricht dagegen?	*Ich habe nicht genug Geld.*
Wie müsste ich den Traum verän-dern, damit er sich erfüllen kann?	*Statt zu kaufen, könnte ich so ein Haus für zwei Jahre mieten.*
Wie würde ich mich dann fühlen?	*Sehr zufrieden, lebendig.*
Was wären meine ersten Schritte?	*Angebote von örtlichen Maklern einholen.*
Wie würde ich mich dabei fühlen?	*Energiegeladen, aufgeregt.*

So erkennen Sie, dass Ihr positives Clematis-Po-tenzial wächst:
Sie stellen z.B. fest:
▶ Seit ich mehr in der Realität verweile, ist mein Leben
reicher, kraftvoller und befriedigender.

10. Crab Apple

Die Reinigungsblüte

▶ Vom Ordnungsdrang…

… zur inneren Ordnung

Woran erkennen Sie einen negativen Crab-Apple-Zustand?

An **Reaktionen** wie

- Nach einer Besprechung mit Menschen, unter denen man sich nicht wohl gefühlt hat, hat man das Bedürfnis, sich zu duschen, um wieder »man selbst« zu werden.
- Es klingelt Sturm, man geht zur Tür, um zu öffnen, auf dem Weg entdeckt man einige Papierschnipsel auf dem Boden. Man kann die Tür nicht öffnen, bevor man diese Schnipsel aufgehoben und in den Papierkorb getragen hat.

An **Gefühlen** wie

- Mutlosigkeit, Irritation
- Man fühlt sich geplagt, unrein, klebrig

An **Gedanken** wie

- Diese Unordnung macht mich nervös.
- Auch Kleinigkeiten müssen stimmen.
- Ich ekele mich vor …

So ging der Kontakt zur Inneren Führung verloren

Das **Fühl-Ich** hat die Verbindung zum Höheren Selbst verloren und leidet unter Unordnungs-, Abscheu- und Ekelgefühlen. Das **Denk-Ich** will ihm helfen, versucht aber diesen Ordnungs- und Reinheitsansprüchen vordergründig auf der materiellen Ebene gerecht zu werden. So ordnet es nach begrenzten Maßstäben und fixiert sich zu sehr auf das Detail.

Machen Sie sich den negativen Crab-Apple-Zustand bewusst

Im Crab-Apple-Zustand hat das **Fühl-Ich** das Verhältnis zu seiner eigenen Natur verloren. Dies zeigt sich besonders in den westlichen Industrienationen und Japan, wo der Trend zur Hygiene immer extremere Formen annimmt.

Übung 1: Es lebe das Chaos!

Verbringen Sie bewusst ein Wochenende – oder so lange, wie Sie es aushalten – in Unordnung:
Körperhygiene unterbleibt, Aufräumen entfällt, Müll wird nicht entfernt. Das Lüftungsfenster bleibt geschlossen. Nehmen Sie sich ein Vergrößerungsglas und betrachten Sie dadurch liebevoll einen eigenen Pickel.

Bald werden Sie spüren, wie diese Unordnung und Unsauberkeit Sie dermaßen stören, dass Sie an nichts anderes mehr denken können und nur noch den Wunsch haben, die gewohnte Ordnung wiederherzustellen.

Wie lange hat es gedauert, bis es so weit war?

Gönnen Sie sich jetzt erst einmal eine heiße Dusche, räumen Sie auf, und wenn Sie sich wieder wohl fühlen, notieren Sie Ihre Erfahrungen.

So wird der Kontakt zur Inneren Führung wiederhergestellt:

Vollkommenheit ist nichts Statisches, sondern ein harmonischer Prozess, der in ständiger Veränderung begriffen ist. Durch Hinwendung zum Höheren Selbst muss das **Fühl-Ich** wieder Anschluss an seine eigene Natur gewinnen und seine Ekelgefühle verlieren. Das **Denk-Ich** muss das **Fühl-Ich** dabei unterstützen, indem es die übergeordneten Ordnungsprinzipien erkennt. **Denk-Ich** und **Fühl-Ich** müssen akzeptieren, dass ideale Ordnung und Vollkommenheit nur auf der Ebene des Höheren Selbst existieren.

Die bewusste Entscheidung

▶ Ich entscheide mich, meine engenVorstellungen von Ordnung und Reinheit aufzugeben und stattdessen mehr und mehr die übergeordneten kosmischen Ordnungsprinzipien zu erkennen und darin mitzuschwingen.

Entwickeln Sie positives Crab-Apple-Potenzial

Beantworten Sie die folgenden Fragen am besten schriftlich.

Übung 2: Integrieren Sie ein störendes Detail

Welches Detail stört mich?	*Die Schuppen auf dem Jackett der Kollegin.*
Wofür ist dieses Detail nützlich, zu welchem Prozess gehört es?	*Schuppen verhindern den Haarausfall, da durch Abschuppen alter Haut die Kopfhaut wieder atmen kann.*
Welches übergeordnete Muster zeigt sich hinter diesem Prozess?	*Die ständige Erneuerung des menschlichen Körpers.*
Was hätte ich früher getan?	*Mich abgewandt und die Kollegin spitz darauf hingewiesen, dass sie Schuppen hat.*
Wie sehe ich das Detail jetzt?	*Mit anderen Augen. Schuppen sind in Wirklichkeit etwas Natürliches.*
Wie könnte ich jetzt reagieren?	*Verständnisvoller, vielleicht mit der Adresse eines naturheilkundlichen Spezialisten.*

So erkennen Sie, dass Ihr positives Crab Apple-Potenzial wächst:

Sie stellen z.B. fest:

▶ Ich gehe lockerer mit scheinbaren Unvollkommenheiten des Alltags und meines Körpers um.

▶ Ich erkenne immer mehr übergeordnete Ordnungsprinzipien und habe Freude daran.

11. Elm

Die Verantwortungsblüte

▶ Vom Zweifel... zum Vertrauen

Woran erkennen Sie einen negativen Elm-Zustand?

An **Reaktionen** wie
- In einer beruflichen Überforderungssituation glaubt man, den falschen Beruf gewählt zu haben.

An **Gefühlen** wie
- Unzulänglichkeit
- Mutlosigkeit
- Verteidigungshaltung
- Verzagtheit

An **Gedanken** wie
- Dieser Aufgabe bin ich nicht gewachsen.
- Das wächst mir über den Kopf.
- Ich weiß nicht mehr, wo ich anfangen soll.

So ging der Kontakt zur Inneren Führung verloren

Das **Denk-Ich** hat sich mit einer Aufgabe überidentifiziert und die Verbindung zum **Fühl-Ich** vernachlässigt. So können die regulierenden und intuitiven Impulse des Höheren Selbst über das **Fühl-Ich** das **Denk-Ich** nicht mehr erreichen. Das **Denk-Ich** gerät vorübergehend kräftemäßig in eine Sackgasse, in der es glaubt, dieser Aufgabe nicht gewachsen zu sein. Der Entwicklungsprozess stockt.

Machen Sie sich den negativen Elm-Zustand bewusst

Erinnern Sie sich an eine Situation, in der Sie eine ungewohnte Aufgabe übernommen hatten, deren Ergebnis nicht nur für Sie persönlich, sondern auch für andere Menschen wichtig war.

Übung1: Habe ich eine Aufgabe oder bin ich meine Aufgabe?

	Beispiel: *Sie haben sich bereit erklärt, für die Lehrer und Eltern der Mitschüler Ihres Sohnes zum informellen Erfahrungsaustausch **allein** ein Picknick zu arrangieren.*
Was müssen Sie alles tun, um diese Aufgabe zu erledigen?	*Stellen Sie eine Kurzzeituhr auf 10 Minuten und machen Sie die To-do-Liste.*
Wie fühlen Sie sich dabei?	[Halten Sie Ihre Gefühle fest.]
In letzter Minute erfahren Sie, dass diese Aufgabe jetzt noch zusätzliche Wichtigkeit erhält:	*Der Direktor der Schule möchte auch an dieser Pilotveranstaltung teilnehmen.*

Was ändert sich dadurch für Sie? Wird die Aufgabe für Sie jetzt gefühlsmäßig größer? Bereuen Sie, dass Sie sich dazu bereit erklärt haben?

Der Elm-Zustand wird oft von Menschen erlebt, die viel oder zu viel Verantwortung für eine Aufgabe übernommen haben. Besonders anfällig für den Elm-Zustand sind allein erziehende Eltern, berufstätige Mütter, aber auch Schüler.

So wird der Kontakt zur Inneren Führung wiederhergestellt:

Das **Denk-Ich** muss sich dem **Fühl-Ich** zuwenden – sich von überzogenen Rollenvorstellungen freimachen und dadurch Anschluss an das Höhere Selbst gewinnen, um dessen Steuerungsimpulse wieder wahrzunehmen.

Die bewusste Entscheidung

▶ Ich entscheide mich, ab heute die Bedürfnisse meines Fühl-Ich viel wichtiger zu nehmen und bei der Erfüllung meiner Aufgabe menschliche, nicht übermenschliche Maßstäbe anzulegen. Wenn ich mein Bestes gegeben habe, kann ich darauf vertrauen, dass sich das Notwendige fügt.

Entwickeln Sie positives Elm-Potenzial

Aufgaben werden gefühlsmäßig wichtiger, sobald andere oder man selbst sie als wichtig bewerten. In solchen Situationen neigt man häufig dazu, sich die Erfüllung dieser Aufgabe schwerer vorzustellen, als es tatsächlich ist.

Übung 2: Mensch bleiben ...

Arbeiten Sie nun weiter mit einer aktuellen konkreten Aufgabenstellung aus Ihrer jetzigen Lebenssituation. Klären Sie für sich die folgenden Fragen:

• Welche Wichtigkeit messe ich dieser Aufgabe bei?
• Welche Wichtigkeit hat sie für andere Menschen aus meinem persönlichen Umfeld?

• Wie wichtig ist diese Aufgabe aus übergeordneter Sicht?

• Welche Impulse meiner Inneren Führung nehme ich jetzt wahr: Was will ich tun – und was kann ich tatsächlich tun?

• Welche Hilfe für die Bewältigung dieser Aufgabe könnte ich mir holen?

• Was würde passieren, wenn ich diese Aufgabe gar nicht übernähme?

So erkennen Sie, dass Ihr positives Elm-Potenzial wächst:

Sie stellen z.B. fest:

▶ Ich berücksichtige meine persönlichen Bedürfnisse mehr als früher, gebe mehr ab und habe mehr Kraft zur Erfüllung meiner Aufgaben.

12. Gentian

Die Glaubensblüte

▶ Vom Zweifel ... zum Vertrauen

Woran erkennen Sie einen negativen Gentian-Zustand?

An **Reaktionen** wie
- Sie fühlen sich bestätigt, wenn ein angezweifeltes Vorhaben schief gegangen ist.
- Wenn in einem Projekt erste Rückschläge auftauchen, nehmen Sie sie als Hinweis, das Projekt ganz fallen zu lassen.

An **Gefühlen** wie
- Entmutigung, Enttäuschung
- deprimiert sein
- Niedergeschlagenheit

An **Gedanken** wie
- Das konnte ja nicht gut gehen!
- Das kann ich nicht glauben!
- Ich habe es ja gleich gesagt!
- Da bin ich aber skeptisch!

So ging der Kontakt zur Inneren Führung verloren

Das enttäuschte **Fühl-Ich** wehrt weitere Erfahrungen ab, um nicht wieder enttäuscht zu werden. Anstatt diese Erfahrungen verstandesmäßig zu relativieren, identifiziert sich das **Denk-Ich** mit ihnen und verallgemeinert sie. So entsteht ein dauerhaftes Misstrauen auch gegenüber den positiven Impulsen des Höheren Selbst.

Machen Sie sich den negativen Gentian-Zustand bewusst

Schreiben Sie sich fünf Situationen auf, denen Sie skeptisch gegenüberstehen, wählen Sie eine aus und analysieren Sie sie nach dem folgenden Frageschema.

Übung 1: Skeptiker-Haltung

	Beispiel: *Ich will umziehen, zweifle aber, ob ich eine passende Wohnung finde.*
Welche objektiven Gegebenheiten veranlassen mich zur Skepsis?	*Es gibt kaum freie Wohnungen, und die passenden sind mir zu teuer.*
Welche persönliche Erfahrung steht dahinter?	*Nach unserer jetzigen Wohnung haben wir zwei Jahre lang gesucht – und uns nach vielen enttäuschenden Erfahrungen auch noch für die falsche entschieden.*
Welchen verallgemeinernden Schluss habe ich daraus gezogen?	*Die passende Wohnung zu finden ist ein riesiges Problem und klappt nie!*
Wie verhalte ich mich deshalb heute?	*Ich treibe die Wohnungssuche nur halbherzig voran.*

Die letzte Aussage spiegelt Ihre geistige und gefühlsmäßige Einengung. Machen Sie sich diese bewusst!

So wird der Kontakt zur Inneren Führung wiederhergestellt:

Anstatt sofort mutlos zu reagieren, muss das **Fühl-Ich** sich an das Höhere Selbst wenden und ihm vertrauen.

Das **Denk-Ich** muss begreifen, dass Lernprozesse in Zyklen und Wellen verlaufen und dass man die einzelnen Schritte nicht verallgemeinern darf.

Die bewusste Entscheidung

▶ Ich betrachte mein Leben aus einer erweiterten und positiven Perspektive, akzeptiere Rückschläge als Teil des Entwicklungsprozesses, nehme das Auf und Ab an, erbitte Hilfe von meinem Höheren Selbst und lasse sie zu.

Entwickeln Sie positives Gentian-Potenzial

Erinnern Sie sich an eine Situation, in der etwas gut geklappt hat, obwohl Sie vorher insgeheim daran gezweifelt haben. Spielen Sie diese Situation noch einmal durch, um daraus für die Zukunft zu lernen.

Übung 2: Was klappte, obwohl ich skeptisch war?

	Zu meiner eigenen Überraschung habe ich in kurzer Zeit eine Ferienwohnung gefunden.
Warum war ich skeptisch?	*Ich befürchtete, die gleichen Erfahrungen zu machen wie bei der Wohnungssuche in der Großstadt.*
Was kam anders als erwartet?	*Zufällig lernte ich jemand kennen, der seine Ferienwohnung vermieten wollte.*
Was habe ich selbst Positives zu dem Ergebnis beigetragen?	*Ich habe alle früheren Erfahrungen beiseite gelassen und den Vertrag unterschrieben.*
Was lerne ich daraus?	*Jede Situation ist anders. Wie heißt es so schön? Erstens kommt es anders und zweitens, als man denkt.*

So erkennen Sie, dass Ihr positives Gentian-Potenzial wächst:

Sie stellen z.B. fest:

▶ **Ich bin viel optimistischer als früher.**

▶ **Ich bringe dem Leben mehr Vertrauen entgegen.**

13. Gorse
Die Hoffnungsblüte

▶ Vom Aufgeben ... zum Angehen

Woran erkennen Sie einen negativen Gorse-Zustand?

An **Reaktionen** wie
- Sie können sich in einer schwierigen Situation nicht vorstellen, dass es noch einmal aufwärts gehen könnte.
- Sie haben z. B. eine chronische Krankheit und glauben, man könnte nichts mehr machen.

An **Gefühlen** wie
- Resignation
- Sie fühlen sich innerlich müde, deprimiert

An **Gedanken** wie
- Es hat doch keinen Zweck mehr.
- Was soll das noch bringen?
- Der Zug ist abgefahren.

So ging der Kontakt zur Inneren Führung verloren

Negative Lebensumstände werden vom **Denk-Ich** als so schlecht beurteilt, dass es beschlossen hat, zu resignieren. Es setzt den Impulsen des **Fühl-Ich** und der Inneren Führung passiven Widerstand entgegen. Dadurch nimmt es auch die vorhandenen Entwicklungsmöglichkeiten nicht mehr wahr. Veränderungschancen werden nicht mehr erwogen. Der Energiefluss kommt zum Erliegen.

Machen Sie sich den negativen Gorse-Zustand bewusst

Viele Menschen, die sich mit einem chronischen seelischen oder körperlichen Mangelzustand schon fast abgefunden haben, sind im Gorse-Zustand: Heimkinder, Dialyse-Patienten, Dauerarbeitslose.

Übung 1: Es hat doch keinen Zweck mehr!

Kaufen Sie sich die Wochenendausgabe einer Tageszeitung und schneiden Sie aus dem Wirtschaftsteil alle Schlagzeilen heraus, die scheinbar objektiv Besorgnis Erregendes oder Negatives berichten.

Beispiel: *Firma Omega baut 2100 Arbeitsplätze ab!*
Zuschüsse für Gefangenenbetreuung gestrichen
Ende der Streikwelle nicht abzusehen!–
Endstation Arbeitsamt mit 50?

Beim Lesen werden Sie sich vielleicht unwillkürlich fragen, ob man eigentlich überhaupt noch etwas Positives von der Zukunft erwarten kann.

Prüfen Sie Ihre Wahrnehmungen und Gedanken und notieren Sie sie.

So wird der Kontakt zur Inneren Führung wiederhergestellt:

Das **Denk-Ich** muss seine rein verstandesmäßige Beurteilung von Situationen aufgeben und sich meinem **Fühl-Ich** zuwenden.

Es muss begreifen, dass das Leben immer wieder neue Möglichkeiten bietet, wenn es über mein **Fühl-Ich** die Impulse des Höheren Selbst wahrnimmt und aufgreift.

 Aus der Sicht des Höheren Selbst hat alles einen Sinn. Solange Leben ist, ist Hoffnung.

Die bewusste Entscheidung
▶ Ich sage wieder JA zum Leben und bin bereit, unter der Führung meines Höheren Selbst meine Lebenssituation aus einem neuen, konstruktiven Blickwinkel zu betrachten.

Entwickeln Sie positives Gorse-Potenzial
Machen Sie ein Rollenspiel mit sich selbst. Sie sind zugleich ein Berater, der Menschen hilft, in schwierigen Lebenssituationen neue konstruktive Handlungsmöglichkeiten zu erarbeiten (linke Spalte) und sein Klient (rechte Spalte).

Übung 2: Meine neuen Möglichkeiten – mein nächster Entwicklungsschritt

Situation:	*Ein Sportler kann nach einem Unfall keinen Leistungssport mehr betreiben.*
Was müssen Sie akzeptieren?	*Ich kann meinen Beruf nicht mehr ausüben.*
Was sind Ihre persönlichen Stärken?	*Kommunikationsfähigkeit, Begabung zum Lehren, handwerkliches Geschick ...*
Welche davon können Sie auch jetzt noch einsetzen?	*Eigentlich alle.*
Welche haben Sie bisher noch nie bewusst eingesetzt?	*Handwerkliches Geschick, pädagogisches Talent.*
Welche neuen Möglichkeiten haben sich bislang schon gezeigt?	*Kollegen haben mich gefragt, ob ich ihnen, ihre Sportgeräte reparieren könnte.*
Was wäre Ihr nächster Schritt?	*Ich besorge mir einen Gewerbeschein.*

So erkennen Sie, dass Ihr positives Gorse-Potenzial wächst:
Sie stelen z.B. fest:
▶ Ich sehe in meinem Leben neue konstruktive Ansätze und positive Möglichkeiten.

14. Heather

Die Identitätsblüte

▶ Vom bedürftigen Kleinkind …
  zum verständnisvollen Erwachsenen

Woran erkennen Sie einen negativen Heather-Zustand?

An **Reaktionen** wie
- Trifft man eine Freundin, fragt man kaum, wie es ihr geht, sondern erzählt sofort von sich selbst.
- Man fühlt sich unbewusst als Mittelpunkt der Welt, um den alles andere kreist.

An **Gefühlen** wie
- Seelischer Hunger
- Innere Bedürftigkeit

An **Gedanken** wie
- Wer kümmert sich jetzt um mich?
- Wem kann ich das erzählen?

So ging der Kontakt zur Inneren Führung verloren

Das **Fühl-Ich** ist seelisch so unterernährt, dass es reagiert wie ein Neugeborenes, das völlig auf die Zuwendung seiner Mutter angewiesen ist. Die entsprechenden Signale werden aber nicht an das Höhere Selbst oder an das **Denk-Ich** gefunkt, sondern an andere **Fühl-Ichs** in der Umgebung, um von ihnen seelische Nahrung und Energie zu bekommen.
So erhält mein **Denk-Ich** keine Chance, sich zu entwickeln.

Machen Sie sich den negativen Heather-Zustand bewusst

Zu dieser Übung brauchen Sie ein Telefon, Ihr Telefonbuch und einen gemütlichen Sitzplatz vor einem Spiegel. Schlagen Sie im Telefonbuch die Service-Seiten für telefonische Ansagedienste auf, z. B. »Wetterbericht«, »Verbrauchertipps« usw.

Übung 1: Spiegeltelefon

Stellen Sie eine Kurzzeituhr auf 15 Minuten.

Nun wählen Sie hintereinander verschiedene Service-Nummern und lassen sich informieren.

Gleichzeitig betrachten Sie sich selbst ununterbrochen im Spiegel.

Registrieren Sie, wie Sie auf die verschiedenen Auskünfte reagieren.

Beobachten Sie sich: Wie wirke ich im Profil? Runzele ich die Stirn? Bekomme ich rote Ohren ...?

Sie werden bald eine interessante Feststellung machen: Je mehr Sie sich in der Betrachtung Ihres Spiegelbildes verlieren, desto weniger gelingt es Ihnen, den wirklichen Inhalt der telefonischen Ansagen zu erfassen. Sie bekommen also ständig etwas geliefert, ohne es selbst zu verwerten, »konsumieren« aber immer weiter ...

Registrieren Sie dabei Ihre innere Verfassung. Wie fühlt sich das an?

So wird der Kontakt zur Inneren Führung wiederhergestellt:

Kein System kann auf Dauer nur von fremden Energien leben. Das **Fühl-Ich** muss ermutigt werden, über sein chronisches Gefühl der inneren Leere hinauszuwachsen und eine differenzierte, bewusste Wahrnehmung für seine Bedürfnisse zu entwickeln. Dann muss es lernen, mit Hilfe des **Denk-Ich** herauszufinden, was es selbst zu deren Befriedigung beitragen kann.

Die bewusste Entscheidung

▶ Ich werde jetzt erwachsen und übernehme die Verantwortung für alle Aspekte meines Lebens selbst. Ich stelle meine Forderungen in erster Linie an mich selbst. Ich vertraue bei der Erfüllung meiner Bedürfnisse auf mein Höheres Selbst, durch das ich alles bekomme, was ich brauche.

Entwickeln Sie positives Heather-Potenzial

Schreiben Sie mindestens sechs unbefriedigte seelische Bedürfnisse auf und wählen Sie eines davon für die Übung aus.

Übung 2: Meine unbefriedigten seelischen Bedürfnisse

Situation	*Ich brauche von meinem Partner mehr seelische Unterstützung bei Berufsproblemen.*
Wie habe ich dieses Bedürfnis bisher befriedigt?	*Ich habe ihn dreimal täglich im Büro angerufen und abends noch weiterdiskutiert.*
Was riskiere ich, wenn ich so weitermache?	*Dass er sich innerlich abschottet.*

Welche Hilfestellung von außen brauche ich weiterhin?
Auf welchen Teil meiner bisherigen Bedürfniserfüllung kann ich verzichten?
Wie kann ich meine Bedürfnisse auch auf andere Weise befriedigen?
Was kann ich tun, um innerlich unabhängiger zu werden?
Wie kann ich mir dieses Bedürfnis in Zukunft selbst befriedigen?
[Die Antwort auf diese Fragen sollten Sie eventuell mit einem erfahrenen Gesprächspartner erarbeiten.]

So erkennen Sie, dass Ihr positives Heather-Potenzial wächst:

Sie stellen z.B. fest:

▶ Ich bin weniger in mir selbst befangen und kann die Situation meiner Mitmenschen deutlicher wahrnehmen.

15. Holly

Die Herzöffnungsblüte

▶ Von der Hartherzigkeit...
　　　　　 ... zur Großherzigkeit

Woran erkennen Sie einen negativen Holly-Zustand?

An **Reaktionen** wie
- Sie sind rasch gekränkt oder beleidigt.
- Sie können nicht freundlich sein, obwohl Sie es gerne möchten.

An **Gefühlen** wie
- Verletztheit, Jähzorn, »giftige Laune«
- Eifersucht, Rachsucht

An **Gedanken** wie
- Das tut mir weh!
- Das macht mich wütend!

So ging der Kontakt zur Inneren Führung verloren

Die intensiven bis idealistischen Gefühle des **Fühl-Ich** sind in der Kindheit oft enttäuscht oder verletzt worden. Deshalb reagiert es auf Impulse des Höheren Selbst häufig misstrauisch und auf Gefühlsbezeugungen von anderen Menschen irritierend, ärgerlich oder gar verletzend. Das **Denk-Ich** lässt sich von diesen Gefühlen mitreißen, anstatt sie zu prüfen und zu relativieren.

Machen Sie sich den negativen Holly-Zustand bewusst

Gefühlsverletzungen treten nicht nur in persönlichen Beziehungen auf, sondern bilden sehr oft auch die unbewusste Entscheidungsgrundlage in beruflichen Situationen.

Übung 1: Verletzte Gefühle

Erinnern Sie sich an eine Situation aus Ihrer Kindheit, in der Ihre Gefühle verletzt wurden:

Beispiel: *Ich habe meiner Mutter einen Wiesenblumenstrauß gepflückt, und als ich ihn ihr präsentieren wollte, lachte mich jemand wegen »all dieses Unkrauts« aus.*

Was haben Sie in diesem Moment empfunden?

Ich habe mich gefragt: Was habe ich falsch gemacht? Ich wollte doch nur etwas Gutes tun, wurde aber ausgelacht. Ich war verwirrt, verletzt, enttäuscht, traurig.

Suchen Sie nach weiteren fünf Situationen in Ihrem Leben, in denen Sie sich gefühlsmäßig verletzt fühlten, und schreiben Sie sie auf.

So wird der Kontakt zur Inneren Führung wiederhergestellt:

Das **Fühl-Ich** soll erkennen, dass menschliche Gefühle unvollkommen und widersprüchlich sind und dass es die idealen Gefühlseigenschaften des Höheren Selbst grundsätzlich nicht von anderen Menschen erwarten kann. Darüber hinaus muss das **Fühl-Ich** lernen, sich von menschlichen – oder allzu menschlichen – Gefühlsreaktionen nicht so schnell aus der Fassung bringen zu lassen.

Das **Denk-Ich** muss üben, zwischen realistischen Gefühlsbezeugungen von außen und eigenen Gefühlsprojektionen zu unterscheiden.

Die bewusste Entscheidung
▶ Ich nehme die göttliche Liebe direkt an und suche nicht länger in der Außenwelt danach. Ich öffne mein Herz, wo ich die Impulse meines Höheren Selbst am reinsten wahrnehmen kann, und folge seiner Führung.

Entwickeln Sie positives Holly-Potenzial
Denken Sie an eine Situation aus der jüngeren Vergangenheit, durch die Sie sich heute noch verletzt fühlen.

Übung 2: Was verletzt mich?

Situation:	*Mein Mann hat unseren 13. Hochzeitstag vergessen und mich zusätzlich brüskiert.*
Was ist geschehen?	*Ich hatte einen stimmungsvollen Abend vorbereitet, und er kam zu spät und rief mir zu: »Mach meinen Koffer fertig!«*
Welche Gefühle löste das aus?	*Enttäuschung, Frustration, Misstrauen.*
Was war die reale Situation?	*Er musste dringend beruflich verreisen, mein eifersüchtiges Misstrauen war unbegründet.*
Welche Verhaltensmuster haben Sie darin erkannt?	*Ich habe Erfahrungen aus der Ehe meiner Eltern auf meine eigene übertragen.*
Welche Bedeutung hat dieser Vorfall für Ihre Partnerschaft?	*Keine, denn mein Mann ist ganz anders als mein Vater.*

So erkennen Sie, dass Ihr positives Holly-Potenzial wächst:
Sie stellen z.B. fest:
▶ Ich kann gegenüber anderen Menschen mehr guten Willen aufbringen und ihnen offener entgegengehen, weil ich ihre Gefühle besser verstehe.

16. Honeysuckle
Die Vergangenheitsblüte

▶ Vom Damals ... zum Jetzt

Woran erkennen Sie einen negativen Honeysuckle-Zustand?

An **Reaktionen** wie
- Es zieht Sie wie magisch zu Menschen oder an Orte, wo Sie Schönes erlebt haben.
- Sich von alten Sachen zu trennen fällt Ihnen sehr schwer.

An **Gefühlen** wie
- Wehmut, Bedauern, Heimweh
- sentimentale Sehnsüchte

An **Gedanken** wie
- Damals, als ich noch ... war, ...
- Es ist, als sei es gestern gewesen.

So ging der Kontakt zur Inneren Führung verloren

Das **Fühl-Ich** möchte gegenwärtigen Wahrnehmungen ausweichen, indem es sich an alten Erinnerungen und Bildern festhält. Das **Denk-Ich** lässt sich davon einlullen und misst die Gegenwart mit den Maßstäben der Vergangenheit. So werden auch die Impulse des Höheren Selbst nicht richtig wahrgenommen. Es kann keine echte Wahl im Hier und Jetzt getroffen werden, man stellt sich der gegenwärtigen Situation nicht, der Entwicklungsprozess stagniert.

Machen Sie sich den negativen Honeysuckle-Zustand bewusst

Nehmen Sie sich ein Fotoalbum vor, blättern Sie es durch, und lassen Sie Ihre Aufmerksamkeit von einem Foto einfangen, das ein Erlebnis in Ihrem Leben zeigt, welches Ihnen viel bedeutet.

Übung1: Glorifizieren Sie Ihre Vergangenheit

	Beispiel: *Das Foto zeigt mich auf einem Ausflug mit lieben Freunden ans Meer.*
Versetzen Sie sich in diesen »Film« zurück, und versuchen Sie, die schönen Gefühle von damals noch einmal zu erleben.	*Es war ein herrlicher sonniger Tag, wir hatten gerade die Schule abgeschlossen. Wir waren frei, unbeschwert und haben viel gelacht...*

Beschreiben Sie Ihre Gefühle.

So wird der Kontakt zur Inneren Führung wiederhergestellt:

Das wirkliche Leben findet jetzt statt, nämlich in dem Moment zwischen gestern und morgen. Auch die Stimme des Höheren Selbst kann man nur im Jetzt hören.

Das **Denk-Ich** muss das **Fühl-Ich** überzeugen, dass es attraktiv ist, aus »alten Filmen« auszusteigen und die Energie, die lange in alten vergangenen Bildern gebunden war, wieder in die Gegenwart zu investieren.

Das **Fühl-Ich** muss begreifen, dass Altes abgeworfen werden muss wie Blätter vom Baum, damit etwas Neues Platz finden kann.

Die bewusste Entscheidung

▶ Ich entscheide mich jetzt voll, in den Fluss der Zeit einzutauchen und mich meiner inneren Führung anzuvertrauen, die viele neue, großartige Entwicklungsmöglichkeiten für mich bereithält, an denen ich weiter wachsen werde.

Entwickeln Sie positives Honeysuckle-Potenzial

Betrachten Sie das Foto erneut, und fragen Sie sich jetzt nach den negativen Momenten, die es dabei gab.

Übung 2: Objektivieren Sie Ihre Vergangenheit

	Meine Freundin hat mir an diesem Tag meinen damaligen Freund ausgespannt.
Welche der Gefühle, die Sie damals hatten, möchten Sie heute nicht wieder erleben?	*Die Eifersucht auf meine Freundin, die Hilflosigkeit, meinen Zorn, meine Unfähigkeit, angemessen zu reagieren.*

Gehen Sie die Menschen auf dem Foto einzeln durch, und denken Sie darüber nach, wie sich Ihre Beziehung zu jedem von ihnen in den vergangenen Jahren entwickelt hat. Wo besteht auch in der Gegenwart noch eine echte Gefühlsbeziehung, wo sind die Gefühle abgestorben, wo wird diese Beziehung nur mit Krampf aufrechterhalten?

Besuchen Sie diesen Ort; stellen Sie fest, was er Ihnen heute noch bedeutet.

So erkennen Sie, dass Ihr positives Honeysuckle-Potenzial wächst:

Sie stellen z. B. fest:

▶ Ich sehe vergangene Ereignisse jetzt nüchterner und realistischer. Ich erkenne mehr und mehr Zusammenhänge mit gegenwärtigen Ereignissen und bin bereit, mich darauf einzulassen.

17. Hornbeam

Die Spannkraftblüte

▶ Von seelischer Schlaffheit ...
    ... zu geistiger Frische

Woran erkennen Sie einen negativen Hornbeam-Zustand?
An **Reaktionen** wie

- Sie wünschten, dass Heinzelmännchen Ihre Arbeit erledigen würden.
- Sie fürchten, Ihre Energie reicht nicht aus, um eine Arbeit zu Ende zu bringen.
- Die Arbeitswoche liegt am Montag vor Ihnen wie ein großer grauer Berg.

An **Gefühlen** wie
- Trägheit, Schlaffheit, Motivationslosigkeit
- Man ist ohne Schwung, alles ist mühsam

An **Gedanken** wie
- Wenn ich bloß daran denke, muss ich schon gähnen!
- Das schaffe ich nicht ohne Kaffee!

So ging der Kontakt zur Inneren Führung verloren

Aus Vernunft- oder Zweckmäßigkeitsgründen hat das **Denk-Ich** längere Zeit einseitig in einem begrenzten Erlebnisrahmen agiert und dabei die Bedürfnisse des **Fühl-Ich** nach Abwechslung nicht berücksichtigt. Das **Fühl-Ich** ist frustriert, demotiviert, gibt keine Impulse des Höheren Selbst mehr weiter, spielt energetisch nicht mit. Das **Denk-Ich** sucht die fehlenden Impulse durch Stimulanzien aus der Außenwelt zu ersetzen.

Machen Sie sich den negativen Hornbeam-Zustand bewusst

Hornbeam-Zustände treten häufig auf, wenn man einseitige, immer wiederkehrende oder unterfordernde Tätigkeiten ausüben muss und dabei die Motivation verloren geht.

Übung 1: Machen Sie sich zum Automaten

Stellen Sie eine Kurzzeituhr auf 10 Minuten, und nehmen Sie ein Telefonbuch zur Hand. Fangen Sie bei A an, bewusst jede Seite umzublättern. Schreiben Sie dabei immer den ersten und den letzten Namen jeder Seite auf ein Blatt Papier.

Wie fühlen Sie sich? Spüren Sie, wie Ihre Aufmerksamkeit und Motivation sich verändern und die Ausführung dieses an sich ganz einfachen Vorganges immer mühsamer und lähmender wird?

Nach dem Klingeln der Uhr brechen Sie die Arbeit ab, folgen Ihrem ersten Impuls und tun genau das, was Ihnen spontan in den Sinn kommt. Vermutlich wird das etwas sein, was Ihre Sicht wieder weitet und eine ganz andere Seite Ihrer Persönlichkeit zum Ausdruck kommen lässt.

So wird der Kontakt zur Inneren Führung wiederhergestellt:

Das Leben ist ein wellenförmig fließender Prozess, in dem von der Zeitqualität her jeder Tag einmalig ist und anders verläuft. Das allzu vernünftige und eher nüchtern agierende **Denk-Ich** muss die Bedürfnisse des **Fühl-Ich** nach kreativem Selbstausdruck ernst nehmen und bereit sein, mit ihm Hand in Hand zu arbeiten. Nur so kann das **Denk-Ich** wieder in Kontakt zur Inneren Führung kommen.

Die bewusste Entscheidung

▶ Ich lasse meine überholten mentalen Erwartungsmuster fallen. Ich entscheide mich, meine Innere Führung von ganzem Herzen zu bejahen und voll mitzuspielen, mehr Gefühl in meinem Leben zuzulassen und spontaner auf meine »Bauchmeldungen« zu reagieren.

Entwickeln Sie positives Hornbeam-Potenzial

Wählen Sie für diese Übung ein Wochenende, um eine Routinearbeit zu erledigen, die Sie schon lange vor sich herschieben, z. B. Ihre Buchhaltung zu erledigen.

Übung 2: Kreatives Routine-Management

Überlegen Sie zunächst, mit welchen anderen Dingen Sie sich an diesem Wochenende viel lieber beschäftigen würden. Vielleicht möchten Sie eine neue Frisur ausprobieren oder ein neues Haushaltsgerät erproben.

Wenn Sie nun die Routinearbeit ausführen, für die Sie sich entschieden haben, unterbrechen Sie diese mit der Tätigkeit, die Ihnen Spaß macht: Dauert die Routinetätigkeit 2 Stunden, unterbrechen Sie spätestens nach 45 Minuten, dauert sie 6 Stunden, unterbrechen Sie spätestens alle 100 Minuten, und gehen Sie für eine gewisse Zeit Ihrer kreativen Wunschtätigkeit nach.

Wenn Sie sich trauen, jonglieren Sie frei zwischen den Tätigkeiten hin und her, so wie es Ihnen gerade in den Sinn kommt. Nur: Abends muss die Routinearbeit fertig sein. Die Tatsache, eine langweilige Arbeit fast nebenbei zu Ende gebracht zu haben, wird Sie mit Befriedigung erfüllen. Vielleicht haben Sie dabei etwas entdeckt, was Sie später wieder nutzen können.

So erkennen Sie, dass Ihr positives Hornbeam-Potenzial wächst:

Sie stellen z.B. fest:
▶ Seit ich stärker auf meine diversen Bedürfnisse eingehe, verläuft mein Alltag leichter und schwungvoller.

18. Impatiens
Die Zeitblüte

▶ Von der Ungeduld ... zur Geduld

Woran erkennen Sie einen negativen Impatiens-Zustand?

An **Reaktionen** wie
- Sie nehmen Ihrem Gesprächspartner das Wort aus dem Mund.
- Auch wenn ein Vorgang noch nicht ausgereift ist, schließen Sie ihn ab, um ihn hinter sich zu bringen.

An **Gefühlen** wie
- Inneres Kribbeln
- Nervöse Anspannung
- Gereiztheit

An **Gedanken** wie
- Schade um die Zeit.
- Das werden wir gleich haben!
- Wie lange dauert das denn noch?!

So ging der Kontakt zur Inneren Führung verloren

Das **Denk-Ich** hat eine falsche Zeitvorstellung. Es verwechselt Qualität mit Quantität und will möglichst viel in möglichst wenig Zeit hineinpacken. Dadurch hat es sich vom **Fühl-Ich** und vom Höheren Selbst abgekoppelt, es kann dessen regulierende Impulse nicht mehr wahrnehmen. Es rast zeitweise am Leben vorbei. Mitmenschliche Erfahrungen sind so nicht möglich.

Machen Sie sich den negativen Impatiens-Zustand bewusst

Falls Sie den Impatiens-Zustand nicht kennen – was in der heutigen Zeit sehr unwahrscheinlich wäre –, versuchen Sie es mit folgender Übung:

Übung 1: Immer schneller, immer mehr ...

Stellen Sie an einem normalen Arbeitstag Ihren Wecker morgens eine halbe Stunde später. Springen Sie aus dem Bett und versuchen Sie, Ihre übliche Morgenroutine so schnell durchzuziehen, dass Sie die Verspätung wenn möglich wieder einholen: Duschen Sie in null Komma nichts, frisieren Sie sich im Zeitraffertempo, frühstücken Sie im Galopp ...

Was passiert jetzt mit Ihnen? Beobachten Sie, wie Sie immer mehr in Hetze geraten, Ihre Bewegungen immer automatischer werden und Ihr geistiges Gesichtsfeld sich immer mehr einengt.

Nehmen Sie die Stimmung Ihres Partners überhaupt noch wahr?

Haben Sie gehört, was der Radiosprecher eben gesagt hat?

(Wenn Ihnen diese Übung Spaß gemacht hat, lassen Sie sich an einem anderen Morgen mal eine halbe Stunde früher wecken, und erleben Sie das Gleiche im Zeitlupentempo!)

So wird der Kontakt zur Inneren Führung wiederhergestellt:

Jedes Ereignis hat seine Stunde. Es ist wichtiger, die Dinge zum (kosmisch) richtigen Zeitpunkt so **gut** wie möglich zu tun, als alles so **schnell** wie möglich hinter sich bringen zu wollen.

Das **Denk-Ich** muss lernen, die Bedürfnisse des **Fühl-Ich** wahrzunehmen und ein Bewusstsein für die Relativität unseres Zeitbegriffs zu entwickeln. »Dem Glücklichen schlägt keine Stunde.«

Die bewusste Entscheidung

▶ Ich messe meine Zeit nicht nur mit einer äußeren Uhr, sondern mit meiner inneren Uhr und bin mit mir und anderen gegenüber geduldiger. Unter der Führung meines Höheren Selbst erkenne ich mehr und mehr den richtigen Zeitpunkt zum Handeln oder Innehalten.

Entwickeln Sie positives Impatiens-Potenzial

Gehen Sie mit einem Notizblock auf Ihren Lieblingsspazierweg. Versuchen Sie, etwa einen halben Kilometer davon in der Hälfte der sonst üblichen Zeit zurückzulegen,

Übung 2: Was gewinne ich, wenn ich Zeit verliere?

Versuchen Sie unterwegs fünf verschiedene Dinge, Situationen, Gegenstände wahrzunehmen und zu behalten. Das Ergebnis schreiben Sie am Ziel auf.

Gehen Sie nun zurück und nehmen Sie sich, je nach persönlichem Temperament, mindestens doppelt so viel, besser noch drei mal so viel Zeit dafür. Welche Einzelheiten an den fünf Dingen können Sie jetzt zusätzlich wahrnehmen? Beispiel: »Im Vogelnest sind Junge, die Eltern umkreisen mit Zweigen das Vogelnest. Es macht Spaß, ihnen zuzugucken.«

Am Ausgangspunkt angekommen, notieren Sie diese zusätzlichen Wahrnehmungen. Fragen Sie sich nun: Was habe ich beim zweiten Spaziergang gefühlt? Was habe ich dabei gewonnen, indem ich Zeit investiert habe?

Denken Sie darüber nach: Was will man erreichen, was versucht man unbewusst zu vermeiden, wenn man alles so schnell wie möglich erledigen will?

So erkennen Sie, dass Ihr positives Impatiens-Potenzial wächst:

Sie stellen z.B. fest:

▶ Ich kann abwarten, wie Dinge sich entwickeln, und gelassener zusehen, wenn andere Menschen langsamer sind als ich.

19. Larch

Die Selbstvertrauensblüte

▶ Von der Selbstbegrenzung ...
              ... zur Selbstentfaltung

Woran erkennen Sie einen negativen Larch-Zustand?

An **Reaktionen** wie
- Sie schlagen eine angebotene Chance aus, weil Sie sich zu wenig zutrauen.
- Sie erfinden eine Ausrede, um etwas nicht tun zu müssen, was Sie sich nicht zutrauen, z. B.: »Ich mache mir nichts aus Schwimmen.«

An **Gefühlen** wie
- Minderwertigkeitsgefühl
- Sie fühlen sich klein, »zurückgeblieben«

An **Gedanken** wie
- Ich kann nicht.
- Das lerne ich nie.
- Das kommt für mich nicht in Frage.

So ging der Kontakt zur Inneren Führung verloren

Das **Fühl-Ich** hat viele alte entwertende und einschränkende Glaubenssätze gespeichert, fühlt sich bedrückt und greift neue Lernimpulse des Höheren Selbst nicht mehr auf. Das **Denk-Ich** übernimmt diese Haltung, statt dem **Fühl-Ich** zu helfen, einzusehen, dass die alten Glaubenssätze nun nicht mehr passen, weil die Umstände jetzt ganz anders sind. Beide drücken sich unbewusst vor einem Wachstumsprozess und werden dadurch immer kleiner statt größer.

Machen Sie sich den negativen Larch-Zustand bewusst

Setzen Sie sich in einem schlecht beleuchteten Raum auf einen unbequemen Stuhl an einen zu niedrigen Tisch und schreiben Sie mit einem stumpfen Bleistift auf einem eher kleinen Zettel fünf Tätigkeiten auf, die Sie sich nicht zutrauen, die aber Menschen, die in ähnlichen Umständen leben wie Sie, problemlos gemeistert haben.

Übung1: Was würde ich gern können, traue es mir aber nicht zu?

	Beispiel: *Ich kann nicht Auto fahren und werde es auch nie lernen.*
Warum kann ich das nicht?	*Weil ich mir in lernfähigem Alter keinen Führerschein leisten konnte und jetzt nicht mehr die Nerven dazu habe.*
Wer kann das, was ich nicht kann, besonders gut?	*Mein Freund Paul. Er hat gerade jetzt erst, zu seinem 45. Geburtstag, den Führerschein gemacht.*
Wie fühlen Sie sich, wenn Sie diese Fragen lesen?	*Hilflos, unfähig.*

So wird der Kontakt zur Inneren Führung wiederhergestellt:

Das **Denk-Ich** muss das **Fühl-Ich** ermutigen, risikofreudiger zu sein und selbst- oder fremdgesetzte Grenzen nicht ohne weiteres zu akzeptieren.

Das **Denk-Ich** selbst muss begreifen, dass, wo ein Wille ist, auch ein Weg ist.

 Unser Lebensplan stellt uns nur Aufgaben, die wir in irgendeiner Weise bewältigen können, an denen wir wachsen können.

Die bewusste Entscheidung
▶ Ich lasse alle fremden Leistungsmaßstäbe fallen. Ich erkenne, dass jede Herausforderung, die an mich herankommt, ein Wachstumsangebot meines Höheren Selbst ist. Deshalb werde ich ab jetzt jedes Angebot gründlich prüfen, es dann entweder direkt annehmen oder so umgestalten, dass es meinem Wachstum dient.

Entwickeln Sie positives Larch-Potenzial
Denken Sie an etwas, das Sie wirklich sehr gern können würden.

Übung 2: Wer sagt eigentlich, dass ich das nicht kann?

Wer macht das, was ich gern können würde, besonders gut?	*Paul. Er fährt jetzt sehr gut Auto.*
Wie hat er das geschafft? Was macht er anders als ich?	*Paul geht viel unvoreingenommener an Dinge heran, ohne sich immer gleich mit anderen zu vergleichen.*
Was könnte ich ähnlich oder genauso machen?	*Ich könnte einfach mal eine Probefahrstunde nehmen.*
Welchen ersten Schritt müsste ich dazu tun?	*Paul fragen, ob er mir seine Fahrschule empfehlen kann.*
Was werde ich tun, wenn ich mein Ziel erreicht habe?	*Mir einen Gebrauchtwagen kaufen und mit Inge an die Nordsee fahren.*

So erkennen Sie, dass Ihr positives Larch-Potenzial wächst:
Sie stellen z. B. fest:
▶ Ich messe mich weniger an anderen Menschen.
▶ Ich nehme Dinge in Angriff, die ich früher nie gewagt hätte.

20. Mimulus

Die Tapferkeitsblüte

▶ Von der Angst vor der Welt ...
  ... zum Vertrauen in die Welt

Woran erkennen Sie einen negativen Mimulus-Zustand?

An **Reaktionen** wie
- Sie schieben vieles vor sich her, weil es Überwindung kostet.
- Sie sind froh, wenn Sie Alltagsaufgaben wie Schuhe kaufen o. Ä. nicht allein bewältigen müssen, sondern jemand zur Begleitung finden.

An **Gefühlen** wie
- Schüchternheit, Scheu
- übertriebene Vorsicht
- Verzagtheit, Ängstlichkeit

An **Gedanken** wie
- Muss das denn wirklich sein?
- Wenn ich das doch schon hinter mir hätte!

So ging der Kontakt zur Inneren Führung verloren

Das **Fühl-Ich** hat in der »rauen Welt« unangenehme Erfahrungen gemacht, stellt sich vieles schwieriger vor, als es ist, und fühlt sich vom Höheren Selbst allein gelassen.

Anstatt dem **Fühl-Ich** mit Trost und rationaler Beratung zu helfen, übernimmt das **Denk-Ich** die Vermeidungsstrategien des **Fühl-Ich**. Es leidet mit, entscheidet nur nach dem Lust- und Unlustprinzip, entwickelt sich nicht.

Machen Sie sich den negativen Mimulus-Zustand bewusst

Schreiben Sie sich Situationen auf, die Ihnen Angst machen, Dinge, die Sie vor sich herschieben, statt sie in Angriff zu nehmen, denen Sie am liebsten ganz ausweichen würden – auch Kleinigkeiten wie die Angst vorm Hund des Nachbarn.

Übung 1: Wo bin ich ein Angsthase?

	Beispiel: *Ich ängstige mich vor dem Besuch bei einem neuen Zahnarzt.*
Beschreiben Sie diese Angst jetzt genauer: Wovor haben Sie hier spezifisch Angst?	*Dass er beim Bohren auf den Nerv kommen könnte.*
Was könnte schlimmstenfalls passieren?	*Ich würde entsetzliche Schmerzen erleiden.*
Was könnte noch Schlimmeres passieren?	*Ich würde ohnmächtig werden und ins Krankenhaus müssen.*

Wie fühlen Sie sich jetzt? Machen Sie gleich weiter mit Übung 2!

So wird der Kontakt zur Inneren Führung wiederhergestellt:

In der Welt gibt es Licht (Liebe) und Dunkelheit (Angst), doch das Licht ist stärker. Unser Lebensplan ist so angelegt, dass das Licht (Bewusstsein, Liebe) in uns wachsen kann.
Das **Fühl-Ich** muss durch verständnisvollen Dialog mit dem **Denk-Ich** lernen, dass es seine Angst überbewertet, dass sie in keinem gesunden Verhältnis zur Realität steht.
Beide müssen erkennen, dass die gefürchteten Situationen Ereignisse sind, die in jedem Leben passieren, dass man sie überlebt und stärker daraus hervorgeht, wenn man sie gemeistert hat. Wir können uns unserer Inneren Führung beruhigt anvertrauen.

Die bewusste Entscheidung
▶ Ich entscheide mich grundsätzlich dafür, ins Licht zu treten. Ich gehe die Dinge, die auf meinem Lebensweg liegen, mutig an, weil ich auf die Führung meines Höheren Selbst vertrauen kann.

Entwickeln Sie positives Mimulus-Potenzial
Nehmen Sie sich Übung 1 vor und fragen Sie weiter:

Übung 2: Die Tapferkeitsübung

Wie hoch schätze ich die Wahrscheinlichkeit ein, dass diese Situation wirklich eintritt?	*Na ja, etwa 0,1 Prozent.*
Woher kommt überhaupt diese Angst?	*Als ich vor Jahren in Albanien beim Zahnarzt war, ist mir so etwas passiert.*
Wie groß ist die Wahrscheinlichkeit, dass es heute wieder passiert?	*0,1 Prozent.*
Was würde nach dem Allerschlimmsten noch passieren?	*Im Krankenhaus bekäme ich eine Spritze.*
Was könnte stattdessen Positives passieren?	*Es könnte alles viel glatter gehen, es muss überhaupt nicht wehtun.*
Wie belohne ich mich gleich nachher für meine Tapferkeit?	*Ich kaufe mir in der Buchhandlung nebenan das neueste Buch meiner Lieblingsautorin.*

So erkennen Sie, dass Ihr positives Mimulus-Potenzial wächst:
Sie stellen z.B. fest:
▶ Ich habe weniger Ängste als früher und kann mehr Dinge ohne zaudern und zagen in Angriff nehmen.
▶ Ich fühle mich dem Leben besser gewachsen.

21. Mustard
Die Lichtblüte

▶ Vom Seelenschmerz ... zur Seelengröße

Woran erkennen Sie einen negativen Mustard-Zustand?

An **Reaktionen** wie
- Von einer Minute zur anderen schlägt meine Stimmung scheinbar grundlos um.
- Ich kann mich zu nichts mehr aufraffen.

An **Gefühlen** wie
- Weltschmerz, Trauer
- Seelische Bleiweste
- Im Moor versinkend

An **Gedanken** wie
- Warum nur?
- Nur nicht bewegen!

So ging der Kontakt zur Inneren Führung verloren

Starke kollektive Gefühlsströmungen von Leid, Schmerz, Trauer (ausgelöst z. B. durch Naturkatastrophen) geraten in Resonanz mit unbewussten psychischen Inhalten. Das **Fühl-Ich** ist von dieser Strömung zurzeit überlagert und kann die Impulse des Höheren Selbst nicht wahrnehmen. Das **Denk-Ich** kann dem **Fühl-Ich** nicht helfen, weil die Situation nicht durch Verstandeskräfte kontrollierbar ist. Es wird in die Strömung hineingezogen und leidet mit.

Machen Sie sich den negativen Mustard-Zustand bewusst

Da der Mustard-Zustand kollektiv entsteht und ein individueller Auslöser kaum zu erfassen ist, erfährt man diese Energie-Qualität am besten, wenn man in sich nacherlebt, wie große Künstler diesen Zustand aufgefasst haben.

Übung 1: Traurig geworden ...

Lesen Sie Literatur wie Goethes Leiden des jungen Werther. Lassen Sie Gedichte auf sich wirken, die Mustard-Atmosphäre atmen. Hören Sie Musik slawischer und nordischer Komponisten, wie z. B. die Liturgie von Rachmaninow oder den Valse triste von Sibelius. Vertiefen Sie sich in Gemälde, die diese tiefe Traurigkeit ausstrahlen.

Traurig geworden (J. Ringelnatz)
Traurig geworden im Denken,
Traurig ohne Woher.
Als könnte mir niemand mehr
Etwas schenken.
Kann selbst doch niemandem mehr
Etwas schenken.
Nicht daher – ich weiß nicht, woher –
Kommt mir das traurige Denken. (...)

Das unendliche Kriegsleid auf der Welt, die Verletzungen und Zerstörungen der Natur ... alles, was das Wesen unseres Planeten trauern lässt, findet in individuellen Mustard-Zuständen seinen Niederschlag.

So wird der Kontakt zur Inneren Führung wiederhergestellt:

Dass **Denk-Ich** muss erkennen, dass es kollektive schmerzliche Gefühle gibt, die das Individuum nicht bewusst verursacht hat, die es aber trotzdem seelisch annehmen, mit tragen und mit einer individuellen Reaktion beantworten muss. Indem es diese Gefühle, wenn sie da sind, bewusst annimmt, trägt das Individuum zur Wandlung der eigenen unbewussten Potenziale und auch der kollektiven Gefühlsströmung bei.

Die bewusste Entscheidung
▶ Ich entscheide mich, unter der Führung meines Höheren Selbst meine Individualität stärker zu entwickeln, sodass ich kollektiven Gefühlsströmungen nicht hilflos ausgeliefert bin, sondern Höhen und Tiefen des Lebens bewusster durchleben und einen persönlichen Sinn darin erkennen kann.

Entwickeln Sie positives Mustard-Potenzial
Ein erster Schritt zur bewussten Verarbeitung ist auch hier, die innere Achtsamkeit zu entwickeln, präzise zu beobachten und eventuell sogar aufzuschreiben, wann genau ein Mustard-Zustand einsetzt und wann er wieder abklingt.

Übung 2: Meditieren Sie
über den Satz von Thomas Buckle: *Die das Dunkel nicht fühlen, werden sich nie nach dem Licht umsehen.*

Oft kommt es zu Mustard-Zuständen, wenn sich auf metaphysischer Ebene ein Wechsel vollzieht, wenn sich eine Welt verabschiedet, um einer anderen Platz zu machen: etwa im Frühjahr, wenn der Winter geht und der Sommer kommt; in der Abenddämmerung, wenn der Tag geht und die Nacht kommt; kurz vor der Menstruation der Frau, wenn ein Zyklus zu Ende geht und ein neuer beginnt.

So erkennen Sie, dass Ihr positives Mustard-Potenzial wächst:
Sie stellen z.B. fest:
▶ Ich erlebe meine Gefühlswelt differenzierter und bewusster.

22. Oak

Die Ausdauerblüte

▶ Vom Pflichtkämpfer ...

... zum friedvollen Krieger

Woran erkennen Sie einen negativen Oak-Zustand?

An **Reaktionen** wie
- Sie gönnen sich nicht eher Ruhe, bis Sie eine Arbeit abgeschlossen haben.
- Sie sind unglücklich, wenn Sie die Erwartungen anderer enttäuschen müssen.

An **Gefühlen** wie
- Niedergeschlagenheit, Kraftlosigkeit
- Unter einem Joch zu gehen, einen schweren Wagen ganz allein ziehen zu müssen

An **Gedanken** wie
- Ich halte durch.
- Aufgeben kommt nicht in Frage.

So ging der Kontakt zur Inneren Führung verloren

Das **Denk-Ich** hat in guter Absicht und aus Pflichtgefühl seine Willenskräfte einseitig überstrapaziert und dabei die Bedürfnisse des **Fühl-Ich** rücksichtslos unterdrückt. Daher verweigert das **Fühl-Ich** jetzt die Kooperation und reagiert nur noch widerwillig. Dadurch hat sich das **Denk-Ich** auch von der Energie des Höheren Selbst abgeschnitten und beutet die persönlichen Vitalreserven immer weiter aus.

Machen Sie sich den negativen Oak-Zustand bewusst

Verpflichten Sie sich, in Ihrem eigenen Garten oder im Garten von Freunden in vier Stunden eine bestimmte, umfangreiche Leistung zu erbringen.

Übung 1: Freiwillige Selbstverpflichtung

Beispiel: *Ich will vier große Beete Unkraut jäten und nicht eher aufhören, bis ich ganz damit fertig bin. Ganz gleich, ob es inzwischen anfängt zu regnen oder ob mir jemand seine Unterstützung anbietet – ich lasse mich nicht von meinem Ziel abbringen und halte allein durch.*

Beobachten Sie genau, bis zu welchem Zeitpunkt Ihnen dies Freude macht und ab wann Sie nur noch aus Pflichtgefühl weiterarbeiten. Spüren Sie das Einsetzen des natürlichen Ermüdungsprozesses.

Registrieren Sie zusätzlich, was sich dabei in Ihrem Kopf abspielt und welche Körperreaktionen gleichzeitig hervorgerufen werden. Achten Sie darauf, wie die Kluft zwischen Kopf und Körper immer größer wird …

Notieren Sie Ihre Eindrücke.

So wird der Kontakt zur Inneren Führung wiederhergestellt:

Zwar ist es richtig, seine Pflichten im Leben zu erfüllen und seine Versprechen gegenüber anderen zu halten. Die oberste Verpflichtung besteht jedoch gegenüber dem eigenen Höheren Selbst in der Entscheidung, den eigenen Lebensplan zu erfüllen.

Das **Denk-Ich** muss lernen, sich den Bedürfnissen des **Fühl-Ich** stärker zuzuwenden und natürliche Zyklen, denen auch der Körper unterliegt, zu respektieren. Es muss falsche Glaubenssätze zum Thema Pflichterfüllung fallen lassen.

Die bewusste Entscheidung
▶ Ich entscheide mich grundsätzlich, mit meinem Höheren Selbst zusammenzuarbeiten und
alle Impulse, die aus meinem Inneren kommen,
in meine Handlungs-Entscheidungen einzube-
ziehen. So tue ich mich leichter in der Erfüllung
meiner Pflichten.

Entwickeln Sie positives Oak-Potenzial
Zur Bearbeitung besonders hartnäckiger Oak-Zustände stellen Sie sich in einschlägigen Situationen folgende Fragen:

Übung 2: Was ist jetzt wichtiger?

Was will ich heute unbedingt noch schaffen?	*Ich will dieses Kapitel zu Ende schreiben.*
Unter welchen Opfern kann ich das erzwingen (Zeit, Schlaf, Er-holung, Privatleben ...)?	*Ich werde mindestens eine Stunde Nacht-schlaf opfern müssen.*
Was passiert schlimmstenfalls, wenn ich die Fertigstellung auf morgen verschiebe?	*Ich könnte meinen Terminplan nicht mehr einhalten.*
Was könnte daran vorteilhaft sein, die Fertigstellung zu verschieben?	*Ich wäre morgen Früh möglicherweise frisch und hätte vielleicht ein paar neue Einfälle.*

**Wenn Ihr Fühl-Ich also signalisiert: »Aufhören!«, lassen Sie Ihr Denk-Ich ent-
scheiden, wirklich aufzuhören.**

So erkennen Sie, dass Ihr positives Oak-Potenzial wächst:
Sie stellen z.B. fest:
▶ Ich sehe das Leben weniger verbissen.
▶ Ich setze mich nicht mehr so viel unter Druck.
▶ Ich bin kreativer in meiner Lebensgestaltung.

23. Olive
Die Regenerationsblüte

▶ Von der Erschöpfung ... zur Kraftquelle

Woran erkennen Sie einen negativen Olive-Zustand?

An **Reaktionen** wie
- Man ist zu müde, um sich abends auszuziehen und ins Bett zu gehen.
- Man hat nicht einmal mehr die Kraft, den Brief eines lieben Freundes zu öffnen.

An **Gefühlen** wie
- Sich ausgelaugt fühlen bis zur Bewegungsunfähigkeit

An **Gedanken** wie
- Mir ist alles zu viel.
- Lasst mich in Ruhe!

So ging der Kontakt zur Inneren Führung verloren

Das **Fühl-Ich** agiert in kindlicher Funktionslust, will viel leisten, akzeptiert keine Grenzen und verausgabt sich völlig. Dadurch verliert es an Sensitivität gegenüber seiner eigenen Natur, seinen Bedürfnissen und die Verbindung zur kosmischen Energiequelle über das Höhere Selbst. Das **Denk-Ich** bleibt unbewusst, macht unreflektiert mit, anstatt regulierend mit Verstand und Willen einzugreifen. So steht für Lernprozesse viel zu wenig Energie zur Verfügung.

Machen Sie sich den negativen Olive-Zustand bewusst

Bringen Sie sich in den Olive-Zustand, indem Sie etwas, das Ihnen Spaß macht, körperlich und seelisch bis zum Exzess betreiben – aber natürlich immer unter Berücksichtigung Ihrer körperlichen Konstitution:

Übung 1: Energie verschleudern

Beispiel: *Lesen, schreiben, computern, handwerkern, Tennis spielen, tanzen, Rad fahren, seilhüpfen u. Ä.*

Machen Sie das so lange, bis Sie völlig erschöpft sind, und notieren Sie mit letzter Kraft die aufgewendete Zeit.

Erholen Sie sich nun einige Minuten oder länger von dieser Anstrengung, so lange, bis Sie sich wieder fit genug fühlen, um weitermachen zu können. Notieren Sie auch die Erholungszeiten.

Wiederholen Sie diesen Vorgang insgesamt mindestens dreimal. Bemerken Sie, dass die Aktivitätsphasen von Mal zu Mal kürzer werden und die Erholungsphasen von Mal zu Mal länger werden müssen?

So wird der Kontakt zur Inneren Führung wiederhergestellt:

Die menschliche Vitalkraft ist begrenzt. Akzeptiert man die Führung durch das Höhere Selbst, ist man an das unerschöpfliche kosmische Energiefeld angeschlossen.

Das **Denk-Ich** muss meinem **Fühl-Ich** beibringen, nicht länger unreflektiert Energie zu vergeuden, sondern ein persönliches Energiebewusstsein zu entwickeln.

Denk-Ich und **Fühl-Ich** müssen lernen, so genau zusammenzuarbeiten, dass für alle Aufgaben genügend Kraftreserven zur Verfügung stehen.

Die bewusste Entscheidung

▶ Ich weiß, dass meine persönlichen Kräfte begrenzt sind und mein Körper zur Erfüllung meines Lebensplans ein gewisses Kräftepotenzial aufrechterhalten muss. Deshalb folge ich ab jetzt meiner Inneren Führung, die mir durch Körperintuition zeigt, wie ich meine Kräfte ökonomisch einsetze und wo meine Grenzen sind.

Entwickeln Sie positives Olive-Potenzial

Analysieren Sie Ihre persönlichen Energieverhältnisse.

Übung 2: Die Energiebilanz

Wofür setze ich meine persönliche Energie ein?	Schätzen Sie in Prozent. Decken Sie Ihre Zahlen sofort ab, ohne mitzurechnen.
Für Familie und Partnerschaft	*etwa ... % meiner Energie*
Für den Beruf	*etwa ... %.*
Für Weiterbildung und Entwicklung	*etwa ... %*
Für Freizeit und Erholung	*etwa ... %*
Für Tätigkeiten im Haushalt	*etwa ... %*
	Addieren Sie die Prozentzahlen. Haben auch Sie mehr als 100% Energie ausgegeben?

Wofür setze ich zu viel Energie ein?
Wofür sollte ich mehr Energie investieren?
Habe ich Reserven für Unvorhergesehenes?
Wie muss ich umverteilen, sodass ich 100% nicht überschreite?

So erkennen Sie, dass Ihr positives Olive-Potenzial wächst:

Sie stellen z.B. fest:

▶ Ich erkenne meine körperlichen Grenzen.
▶ Ich gehe bewusster mit meinen Kräften um und fühle mich innerlich gestärkt.

24. Pine

Die Blüte
der Selbstakzeptanz

▶ Von der Selbstentwertung ...

            ... zum Selbstrespekt

Woran erkennen Sie einen negativen Pine-Zustand?

An **Reaktionen** wie
- Sie haben ein schlechtes Gewissen, wenn Sie eine berechtigte Forderung anmelden müssen, z. B., wenn ein reservierter Platz im Zug von jemand anderem besetzt ist.

An **Gefühlen** wie
- Gedrücktheit, Mutlosigkeit
- Sich Existenzberechtigung nur durch extremen Einsatz zu verdienen

An **Gedanken** wie
- Es ist meine Schuld, dass ...

So ging der Kontakt zur Inneren Führung verloren

Das **Fühl-Ich** fühlt sich unerwünscht, schlecht oder schuldig. Es erbringt aufopfernde Leistungen, um dennoch akzeptiert zu werden. Anstatt diese Missverständnisse aufzuklären, verstärkt das **Denk-Ich** sie noch. Dabei orientiert es sich an einem übersteigerten Leistungs- und Moral-Kodex, dem es kaum je genügen kann. So entwertet sich das **Denk-Ich** und liefert so dem **Fühl-Ich** neue Gründe, sich schuldig zu fühlen.

Machen Sie sich den negativen Pine-Zustand bewusst

Übernehmen Sie einen Tag lang die Rolle eines Sündenbocks. Suchen Sie sich drei Situationen, in denen Sie berechtigterweise etwas verlangen können, und entschuldigen Sie sich dann dafür, dass Sie es verlangen.

Übung 1: Machen Sie sich zum Sündenbock

Beispiel: *Ich bekomme im Café ein schmutziges Glas und entschuldige mich beim Ober, dass ich ein sauberes verlange.*

Die Verkäuferin gibt mir falsch heraus, und ich entschuldige mich dafür, dass ich das Geld gerade nicht passend hatte.

Registrieren und notieren Sie Ihre eigenen Gefühle und die Reaktionen der anderen auf Ihre Entschuldigungen.

Wurden Ihre Schuldbezeugungen vom anderen entkräftet? Oder nutzte der andere unbewusst die Situation, um eigenen Frust abzulassen, indem er auf Ihre Entschuldigungen einging, Sie vielleicht strafend ansah? Brachte er Sie damit vielleicht noch tiefer in Ihr defizitäres Gefühl hinein?

So wird der Kontakt zur Inneren Führung wiederhergestellt:

Mein **Fühl-Ich** muss lernen, sich selbst zu akzeptieren, und mein **Denk-Ich** muss es dabei moralisch unterstützen. Beide müssen erkennen, wo ihre wirklichen Verantwortlichkeiten liegen, inwieweit sie überhaupt schuldig werden können und wo sie sich gegen falsche moralische Ansprüche oder Projektionen anderer Menschen abgrenzen müssen.

Es gibt keine Sünde außer der bewussten Nichterfüllung des eigenen Lebensplanes und dem bewussten Verstoß gegen das Gesetz der Einheit (siehe Seite 9).

Die bewusste Entscheidung

▶ Ich entscheide mich, mir ab heute meine Existenzberechtigung ohne Wenn und Aber zuzubilligen. Ich akzeptiere mich rundherum.

Entwickeln Sie positives Pine-Potenzial

Die Realität des eigenen Höheren Selbst zu erkennen und zu akzeptieren, ist für Menschen mit einem starken Schuldbewusstsein ein lebenslanger Lernprozess.

Notieren Sie fünf Situationen, in denen Ihre Schuldgefühle selbst Ihnen übertrieben vorkommen.

Übung 2: Löschen Sie unangemessene Schuldgefühle

Ich fühle mich schuldig, weil ...	*weil mein Parnter manchmal so komisch guckt, wenn er mir hilft, schwere Pakete zu tragen.*
Wessen Verantwortungsbereich ist hier betroffen?	*Seiner, denn wir haben abgemacht, dass er die schweren Hausarbeiten übernimmt.*
Wer ist also für diese Sache verantwortlich?	*Mein Partner.*
Habe ich also irgendeinen Grund, mich weiter schuldig zu fühlen?	*Nein.*

Machen Sie diese Übung immer wieder und beobachten Sie Ihre Fortschritte.

So erkennen Sie, dass Ihr positives Pine-Potenzial wächst:

Sie stellen z.B. fest:

▶ Wenn mir jemand einen Vorwurf macht, gehe ich gefühlsmäßig nicht gleich in den Keller, sondern kann realistisch prüfen, inwieweit dieser Vorwurf in meinen Verantwortungsbereich fällt, und ihn gegebenenfalls zurückweisen.

▶ Ich genieße das Leben jetzt mehr als früher.

25. Red Chestnut
Die Abnabelungsblüte

▶ Von der Symbiose ... zur Eigenständigkeit

Woran erkennen Sie einen negativen Red-Chestnut-Zustand?

An **Reaktionen** wie
- Das Telefon klingelt, und Sie befürchten, dass einer bestimmten Person etwas Unangenehmes passiert ist.

An **Gefühlen** wie
- durch eine andere Person zu leben, deren Gefühle mitzuerleben

An **Gedanken** wie
- Ich weiß, was du jetzt denkst.
- Bevor meine Tochter nicht angerufen hat, kann ich nicht in Ruhe arbeiten.

So ging der Kontakt zur Inneren Führung verloren

Das **Fühl-Ich** kann sich selbst nicht spüren und erfährt sich nur über andere. Dadurch hat auch das **Denk-Ich** keine richtige Selbstwahrnehmung und eine stark verzerrte Fremdwahrnehmung. Es übersetzt die Befürchtungen des **Fühl-Ich** und unbewusste Reaktionen der anderen Person in konkrete, aber vermischte Bilder. So wird es immer schwerer, zwischen »ich« und »du« zu trennen, die Hinwendung zum Höheren Selbst wird immer schwieriger.

Machen Sie sich den negativen Red-Chestnut-Zustand bewusst

Für die folgende Übung brauchen Sie etwa drei Stunden Zeit.

Übung 1: Das Doppelleben

Stellen Sie sich ein Kind oder eine geliebte Person vor, um die Sie sich sorgen und kümmern. Tun Sie in den nächsten zwei Stunden alles unter gedanklicher Einbindung dieser Person X. Wenn Sie Kaffee trinken, fragen Sie sich, ob X wohl auch Durst hat. Wenn Sie eine telefonische Verabredung treffen, fragen Sie sich, ob X so lange allein bleiben kann, usw. Wenn Sie Zeitung lesen, überlegen Sie, wie X auf diese Nachrichten reagieren würde.

In der letzten halben Stunde schreiben Sie auf, welche Ängste Sie bezüglich X haben, was dieser Person alles zustoßen kann, z. B.: »Sie könnte beim Spielen hinfallen und sich verletzen.« Oder: »Sie könnte sich eine ansteckende Krankheit holen.« Notieren Sie mindestens sieben solcher nachvollziehbarer Befürchtungen.

Erleben Sie, wie Ihre eigene innere Bewegungsfreiheit durch diese starken Projektionen Ihrer Gefühle auf X immer mehr eingeschränkt wird und wie Sie sich gedanklich immer stärker angebunden fühlen.

So wird der Kontakt zur Inneren Führung wiederhergestellt:

Das **Fühl-Ich** muss lernen, seine eigenen Gefühle wahrzunehmen. Das **Denk-Ich** muss ihm helfen zu unterscheiden, welche Gefühle die eigenen sind und welche Gefühle es von anderen aufnimmt und welche Gefühle es unbewusst auf andere projiziert. Beide müssen sich entschließen, sich statt an andere Menschen an mein Höheres Selbst zu wenden.

Jeder ist für seinen eigenen Lebensplan verantwortlich. Gegenseitige Einmischung, auch unbewusste, bedeutet einen Eingriff in die Persönlichkeit des anderen Wesens und damit auch einen Verstoß gegen das Gesetz der Einheit.

Die bewusste Entscheidung

▶ Ich entscheide mich, meine Gefühlsfühler in angemessene Grenzen zurückzuziehen. Ich lerne, eigene Gefühle und Befürchtungen bei mir selbst wahrzunehmen, und bemühe mich um meine eigenständige Entwicklung.

Entwickeln Sie positives Red-Chestnut-Potenzial

Stellen Sie zwei Stühle einander gegenüber auf, einen für Sie selbst, einen für die Person X, um die Sie sich sorgen; stellen Sie einen Küchenwecker auf 15 Minuten.

Übung 2: Ich bin ich und du bist du

Setzen Sie sich zunächst auf den ersten Stuhl, und formulieren Sie eine Befürchtung laut. Danach setzen sich auf den zweiten Stuhl und sprechend Sie eine Antwort aus, mit der Sie sich liebevoll, aber bestimmt abgrenzen. Wechseln Sie mehrfach hin und her.

1: Ich mache mir Sorgen um dich und ob du in der Sache mit deinem Vermieter wohl das Richtige tust.
2: Ich bin ein erwachsener Mensch und kann das für mich selbst entscheiden.

1: Ich mache mir Sorgen, dass du zu wenig isst.
2: Ich folge einem genauen Ernährungsplan.

Am Ende der Übung sprechen Sie die folgende Abgrenzungsformel aus:

Ich bin ich
und du bist du.
Jeder hat sein eigenes Leben.

So erkennen Sie, dass Ihr positives Red-Chestnut-Potenzial wächst:

Sie stellen z. B. fest:

▶ Ich kann meine Gedanken und Gefühle immer bewusster wahrnehmen.

▶ Ich respektiere meine Persönlichkeitsgrenzen und die der anderen.

26. Rock Rose
Die Eskalationsblüte

▶ Von der Panik … zum Heldenmut

Woran erkennen Sie einen negativen Rock-Rose-Zustand?

An **Reaktionen** wie
- In unerwarteten Situationen verliere ich die Orientierung und reagiere kopflos.

An **Gefühlen** wie
- Innere Panik
- Entsetzen

An **Gedanken** wie
- Hilfe!!!!

So ging der Kontakt zur Inneren Führung verloren

Das **Fühl-Ich** fühlt sich akut bedroht und fürchtet um sein Leben.

Anstatt das **Denk-Ich** um Hilfe zu bitten oder sich an mein Höheres Selbst zu wenden, erstarrt es panisch in der Schrecksekunde.

Damit ist das **Denk-Ich** vom Geschehen ausgeschlossen, kann die Situation nicht analysieren und entsprechend handeln.

Machen Sie sich den negativen Rock Rose-Zustand bewusst

Schließen Sie die Augen. Stellen Sie sich eine Situation vor, oder erinnern Sie sich an eine Begebenheit, in der Sie plötzlich in helle Panik geraten sind,

Übung 1: Die Schrecksekunde

Beispiel: *Sie sitzen in einem Restaurant und stellen beim Bezahlen fest, dass Ihre Handtasche nicht mehr da ist.*
Oder Sie merken beim Abfahren, dass Sie im falschen Zug sitzen ...

Machen Sie die Augen wieder auf und bringen Sie sich energisch zurück in die Gegenwart: Klatschen Sie dreimal laut auf den Tisch oder stehen Sie auf und stampfen Sie dreimal auf die Erde oder stoßen Sie einen starken Schrei aus o. Ä.

Versuchen Sie nun, ganz genau zu rekonstruieren, wie dieser Vorgang damals ablief. Wohin schoss im ersten Moment die Energie? Wie verhielt sich Ihr Atem? Wie fühlte sich Ihr Herz an, was passierte in der Magengrube usw.? Nach wie vielen Sekunden (wir wissen, das ist sehr schwer zu schätzen!) waren Sie wieder ganz bei sich?

Notieren Sie Ihre Erfahrungen.

So wird der Kontakt zur Inneren Führung wiederhergestellt:

Im Rock-Rose-Zustand haben mein Denk-Ich und mein Fühl-Ich die Tendenz zu erstarren.

Das **Fühl-Ich** muss lernen, mit ungewohnten Situationen umzugehen, diese blitzschnell zu akzeptieren und sich sofort rückhaltlos gegenüber dem Höheren Selbst zu öffnen. Fließt die Energie wieder, kann sich auch mein **Denk-Ich** wieder einschalten.

Die bewusste Entscheidung

▶ **In unüberschaubaren Situationen rufe ich bewusst mein Höheres Selbst und vertraue mich rückhaltlos meiner inneren Führung an.**

Entwickeln Sie positives Rock-Rose-Potenzial

Alle »Erste-Hilfe-Maßnahmen«, die man kennt – sei es nun Klatschen, Schreien, Aufstampfen oder Rescue – einnehmen –, zielen letztlich darauf, unser Bewusstsein wieder in unserem physischen Körper zu reorientieren. Nehmen Sie eine oder mehrere dieser Maßnahmen bewusst in Ihr persönliches »Selbsthilfe-Repertoire« auf. Vielleicht kann auch die folgende Übung hilfreich sein.

Übung 2: Trainieren Sie Ihre Geistesgegenwart

Stellen Sie sich eine plötzliche Stresssituation vor.	**Beispiel:** *Während einer Autofahrt springt Ihnen ein Tier vors Auto.*
Wie würden Sie jetzt sofort reagieren? Suchen Sie im Geiste nach Auswegen, die in der aktuellen Situation möglich wären.	*– auf den Randstreifen ausweichen,* *– zwischen den Alleebäumen hindurch auf das Feld daneben fahren,* *– auf die Gegenfahrbahn ausweichen ...*

Wenn Sie solche Situationen geistig im Voraus durchspielen, ist Ihre Panik im Ernstfall geringer.

So erkennen Sie, dass Ihr positives Rock Rose-Potenzial wächst:

Sie stellen z.B. fest:

▶ **Ich behalte in schwierigen Situationen besser die Nerven und reagiere geistesgegenwärtiger.**

27. Rock Water
Die Flexibilitätsblüte

▶ Vom Disziplin-Dogma ... zur Achtsamkeit

Woran erkennen Sie einen negativen Rock-Water-Zustand?

An **Reaktionen** wie
- Sie dulden keine Ausnahme von einer selbst gesetzten Regel.
- Sie tun alles, um in Höchstform zu bleiben, auch wenn es noch so schwer fällt.

An **Gefühlen** wie
- Freudlosigkeit, Selbstbeschränkung
- Härte
- Unberührbarkeit

An **Gedanken** wie
- Man muss hart zu sich selbst sein.
- Von nichts kommt nichts.
- Es geht ums Prinzip.

So ging der Kontakt zur Inneren Führung verloren

Das **Denk-Ich** hat die Idee des Höheren Selbst vom Streben nach Vollkommenheit missverstanden und will – seinem begrenzten materiellen Verständnis entsprechend – dogmatisch eine Entwicklung erzwingen. Dabei weist es die Impulse des **Fühl-Ich** zurück und unterdrückt sie gezielt.

Das Höhere Selbst kann sich nicht bemerkbar machen.

Machen Sie sich den negativen Rock-Water-Zustand bewusst

Nehmen Sie sich eine Stunde Zeit, in der Sie nur Routinearbeiten zu erledigen haben, und stellen Sie eine Kurzzeituhr auf 15 Minuten.

Übung1: Disziplinübung – Hier geht es ums Prinzip!

Die Aufgabe besteht darin, alle 15 Minuten, also viermal in der Stunde, entweder die Knie im Wechsel zehnmal so weit wie möglich in Richtung Kinn hochzuziehen oder fünf ganz tiefe Kniebeugen zu machen.
Von dieser Regel gibt es keine Ausnahme: alle 15 Minuten – egal, ob das Telefon läutet oder die Haustürklingel, ob Sie den Drang verspüren, ins Bad zu gehen, oder ob Sie etwas trinken wollen.

Wenn die Stunde vorbei ist, setzen Sie sich bequem in einen Stuhl und lassen Sie die vergangenen 60 Minuten gefühlsmäßig noch einmal in sich ablaufen.

Versuchen Sie sich vor allem daran zu erinnern, wie oft Sie in dieser Stunde ein spontanes oder vitales Bedürfnis Ihres Körpers unterdrücken mussten.

So wird der Kontakt zur Inneren Führung wiederhergestellt:

Das **Denk-Ich** muss sich dem **Fühl-Ich** zuwenden, dessen Bedürfnisse erkennen und bereitwillig in seine Planungen mit einbeziehen.
Das **Denk-Ich** muss auch verstehen lernen, dass Prinzipien und Theorien, wie der Name sagt, »theoretisch« sind und nur als Richtlinien dienen, aber nicht der Weg selbst sind.

Die bewusste Entscheidung

▶ Ich öffne mich allen Aspekten meines Wesens und reagiere flexibel auf die Wellenbewegung meines Lebensflusses. So komme ich sicher zum Ziel.

Entwickeln Sie positives Rock-Water-Potenzial

Damit Sie die folgende Übung nicht zu »Rock-Water-artig« absolvieren, nehmen Sie vorher zwei Tropfen Rock Water im Wasserglas ein.

Übung 2: Folgen Sie Ihrem spontanen Impuls

Gehen Sie auf einen Kinderspielplatz, setzen Sie sich auf eine Bank und schauen Sie entspannt dem Treiben zu. Auf den ersten Blick scheint es sich hier nur um ein lärmendes Chaos zu handeln.

Behalten Sie dann ein oder zwei Kinder etwa 15 Minuten lang im Auge und sehen Sie, wie sie auf spielerische Weise ein Ziel konsequent verfolgen, ohne dabei die Laune zu verlieren. Sollte Sie der spontane Impuls überkommen, einen weggesprungenen Ball zurückzuwerfen, jemanden auf der Schaukel anzuschieben oder in anderer Weise mitzuspielen, folgen Sie ihm.

Wenn Sie länger Zeit haben, bleiben Sie eine weitere halbe Stunde sitzen und registrieren Sie das übergeordnete Energiemuster, welches sich auch auf dem Spielplatz widerspiegelt. Es ist wie Ebbe und Flut – mal ist alles sehr aufgeregt und scheint zu eskalieren, danach kehrt für eine Weile Ruhe ein.

So erkennen Sie, dass Ihr positives Rock-Water-Potenzial wächst:

Sie stellen z. B. fest:

▶ Ich kann meine vitalen Bedürfnisse besser wahrnehmen und zulassen.

▶ Ich erreiche mit weniger Krampf mehr als früher.

▶ Ich bin anderen gegenüber jetzt lockerer.

28. Scleranthus
Die Balanceblüte

▶ Von der inneren Zerrissenheit ...
... zum inneren Gleichgewicht

Woran erkennen Sie einen negativen Scleranthus-Zustand?

An **Reaktionen** wie
- Man steht vor seiner Haustür, schwankt innerlich immer wieder, ob man die Straße rechts oder links entlanggehen soll, und tut dann unreflektiert irgendeins von beiden.

An **Gefühlen** wie
- innere Sprunghaftigkeit
- unsicheres Schwanken

An **Gedanken** wie
- Soll ich oder soll ich nicht?
- Ich bin hin- und hergerissen.
- Es gibt ein Für und auch ein Wider.

So ging der Kontakt zur Inneren Führung verloren

Das **Fühl-Ich** hat viele widersprüchliche Erfahrungen gespeichert und wird daher zwischen vielen Impulsen immer wieder hin- und hergerissen. Anstatt die Innere Führung zu suchen, wendet es sich um Hilfe an das **Denk-Ich,** das überfordert ist, da es aufgrund fehlender Maßstäbe keine Einordnung oder Bewertung der Impulse vornehmen kann oder möchte.

Machen Sie sich den negativen Scleranthus-Zustand bewusst

Stellen Sie sich eine Kurzzeituhr auf 20 Minuten, setzen Sie sich entspannt hin und malen Sie sich folgende Situation aus:

Übung 1: Die Qual der Wahl

Sie haben zum Geburtstag mit gleicher Post von zwei sehr lieben Freundinnen eine Einladung zu zwei verschiedenen Theatervorstellungen bekommen, die beide am selben Abend stattfinden.

Beide Stücke laufen zum letzten Mal.

Sie können sich natürlich nur für eine Einladung entscheiden und sind innerlich hin- und hergerissen.

Schreiben Sie jetzt das Für und Wider beider Einladungen auf einen Zettel.

Immer noch sind beide Einladungen gleichermaßen verlockend: Sie kommen zu keiner Entscheidung. In welchem Zustand sind Sie, wenn 20 Minuten später die Uhr klingelt? Notieren Sie diese Gefühle.

So wird der Kontakt zur Inneren Führung wiederhergestellt:

Das **Denk-Ich** steht ständig zwischen zwei oder mehreren Möglichkeiten, Entscheiden heißt, auf eine Möglichkeit bewusst zu verzichten. Das **Denk-Ich** muss aber begreifen, dass es sich dennoch **immer** entscheiden muss, da sonst die Entwicklung nicht weitergehen kann. Es muss den Willen entwickeln, in Entscheidungsstiuationen das Höhere Selbst über das **Fühl-Ich** um Hilfe zu bitten, dessen Reaktionen aber mit Abstand prüfen und daraufhin seine konstruktive Entscheidung treffen.

Die bewusste Entscheidung
▶ Ich entscheide mich, von den vielen Möglich-keiten, die von außen an mich herangetragen werden, nur noch diejenigen zu registrieren, die zu meinem eigenen Lebensplan gehören.

Entwickeln Sie positives Scleranthus-Potenzial
Stellen Sie sich für die folgende Übung eine Frage, nach deren Lösung Sie schon lange suchen, und schreiben Sie das Für und Wider nebeneinander auf.

Übung 2: Treffen Sie eine Entscheidung!

Beispiel: *Soll ich unsere Ferienwohnung verkaufen, die wir schon seit zwei Jahren nicht mehr benutzt haben?*

Was spricht dafür?	*Sie kostet Geld, ohne dass wir sie nutzen.*
Was spricht dagegen?	*Unsere Tochter könnte sie übernehmen.*
Was spricht dafür? Usw.	*Unsere Tochter fühlt sich dort nicht wohl ...*

Wenn Sie alle Pros und Kontras, die Ihnen einfallen, aufgeschrieben haben, stehen Sie auf, wechseln Sie den Raum, oder setzen Sie sich zumindest auf einen anderen Stuhl. Machen Sie ein paar tiefe Atemzüge und lassen Sie die Entscheidung allmählich aus Ihrem Herzen aufsteigen.

Meine Entscheidung lautet:	*Ich werde die Ferienwohnung verkaufen.*

Halten Sie sie fest – und dann: Nichts wie ran!

So erkennen Sie, dass Ihr positives Scleranthus-Potenzial wächst:
Sie stellen z. B. fest:
▶ Ich kann trotz vieler Impulse mein inneres Gleichge-wicht bewahren und wenn nötig eine klare Entschei-dung treffen.

29. Star of Bethlehem
Die Trostblüte

▶ Vom Schock ... zur Reorientierung

Woran erkennen Sie einen negativen Star-of-Bethlehem-Zustand?

An **Reaktionen** wie
- Unerwartete aggressive Beschuldigungen wirken wie eine Holzhammer-Narkose,
- Sie bleiben sprachlos.
- Sie neigen zu Wasserstau.

An **Gefühlen** wie
- Betäubung, Lähmung
- Stille Trauer

An **Gedanken** wie
- Nur nicht daran rühren!
- Das kann ich nicht verkraften!

So ging der Kontakt zur Inneren Führung verloren

Aufgrund vergangener schockierender Erlebnisse fürchtet das **Fühl-Ich**, von negativen Impulsen überwältigt zu werden. Es schottet sich gegen weitere Eindrücke nach allen Richtungen hin ab, indem es in einer Art von Dämmerzustand verharrt. Die Verbindung zum Höheren Selbst ist unterbrochen.

In diesem Zustand ist es für mein **Denk-Ich** schwierig, das **Fühl-Ich** zu erreichen, zu helfen und zu trösten. Es ist zur Passivität verurteilt.

Machen Sie sich den negativen Star-of-Bethlehem-Zustand bewusst

Mit dem Star-of-Bethlehem-Zustand kann man sich gut vertraut machen, wenn man ihn symbolisch auf der Körperebene nachvollzieht. Sie brauchen dazu einen kleinen Eimer mit eiskaltem Wasser. Werfen Sie vor Übungsbeginn einen Blick auf Ihre Uhr und notieren Sie die Zeit.

Übung1: Eiskaltes Händchen

Stecken Sie Ihre linke Hand abrupt in das eiskalte Wasser und lassen Sie sie so lange darin, bis sie sich wie abgestorben oder taub anfühlt.

Ziehen Sie die Hand langsam aus dem Wasser. Fühlen Sie, ob Sie noch etwas fühlen. Durch den Kälteschock wird Ihre Hand eher gefühllos sein ...

Beginnen Sie die Hand zu reaktivieren, indem Sie die Finger vorsichtig hin und her bewegen, dann mehrfach die Faust ballen und wieder öffnen, so lange, bis Sie keinen Unterschied mehr zu Ihrer rechten Hand spüren.

Notieren Sie, wie lange das gedauert hat. Diese Zeit wird beim einen kürzer, beim anderen länger sein – genauso, wie auch Gefühlsschocks unterschiedlich schnell wieder abklingen.
Würden Sie das Experiment wiederholen? Wahrscheinlich nicht. Viel eher werden Sie versuchen, sich gegen solche Erfahrungen im Voraus zu wappnen. So entsteht auf seelischer Ebene das Star-of-Bethlehem-Muster.

So wird der Kontakt zur Inneren Führung wiederhergestellt:

 Alles, was im Leben auf mich zukommt, gehört zu meinem Lebensplan und bietet mir Entwicklungsmöglichkeiten. Das **Fühl-Ich** muss seine Neigung zur Schonhaltung aufgeben und sich seinen Gefühlseindrücken stellen. Das geht aber nur, wenn das **Denk-Ich** auch bereit ist, sich mit diesen Gefühlseindrücken bewusst auseinander zu setzen, sie zu ordnen, zu bewerten und Maßstäbe dafür zu entwickeln, wie weit ich Gefühle an mich heranlassen will und muss.

Die bewusste Entscheidung

▶ Ich beschließe, mich neuen Eindrücken und Erfahrungen zu stellen. Wenn mich ein unerwartetes, unerwünschtes Ereignis trifft, werde ich mich so schnell wie möglich meiner Inneren Führung öffnen und die Dynamik des Geschehens nutzen, um neue Erkenntnisse zu sammeln.

Entwickeln Sie positives Star-of-Bethlehem-Potenzial

Im negativen Star-of-Bethlehem-Zustand rettet sich das Fühl-Ich in eine seelische Schonhaltung, indem es sozusagen eine Schutzschicht zwischen sich und der Außenwelt platziert. Diese kann nicht mit Gewalt aufgelöst werden, sondern nur mit Zeit und Einfühlungsvermögen.

Übung 2: Tauen Sie auf

Im Bedarfsfall können Ihnen die folgenden Anregungen oder ähnliche helfen.

• *Ein warmes, entspannendes Bad, in dem Sie langsam beginnen, sich wieder auf Ihre Körperempfindungen zu besinnen.*

• *Anschließend verwöhnen Sie sich mit einer sanften Streichelmassage.*

Die Bearbeitung alter, traumatischer Star-of-Bethlehem-Situationen sollte nicht ohne therapeutische Hilfe geschehen.

So erkennen Sie, dass Ihr positives Star-of-Bethlehem-Potenzial wächst:

Sie stellen z.B. fest:

▶ Ich lasse mehr an mich herankommen, aber mich nicht davon überwältigen.

▶ Ich kann unerwartete Ereignisse besser verkraften und realistischer verarbeiten.

30. Sweet Chestnut
Die Erlösungsblüte

▶ Durch die Nacht ... zum Licht

Woran erkennen Sie einen negativen Sweet-Chestnut-Zustand?

An **Reaktionen** wie
- Sie haben in einer Situation alle Handlungsmöglichkeiten ausgeschöpft und sind nun innerlich am Ende.
- Sie haben das Gefühl, an Ihrer äußersten Grenze angekommen zu sein, am Abgrund zu stehen.

An **Gefühlen** wie
- Angst, die Belastungen nicht mehr durchstehen zu können
- Verzweiflung

An **Gedanken** wie
- Das ist das Ende.
- Jetzt kann nur noch ein Wunder geschehen.

So ging der Kontakt zur Inneren Führung verloren

Das **Fühl-Ich** ist durch scheinbar existenzbedrohende Ereignisse alarmiert.

Das **Denk-Ich** hat alles versucht, ist aber an die Grenze seiner Leistungsfähigkeit gekommen. Seine Verstandes- und Willenspotenziale sind erschöpft. Es hat die Existenz des Höheren Selbst vergessen. Es sieht keinen Ausweg mehr, sondern befürchtet einen Zusammenbruch.

Machen Sie sich den negativen Sweet-Chestnut-Zustand bewusst

Erinnern Sie sich an eine Situation in Ihrem Leben, in der Sie keinen Ausweg mehr sahen und in der sich die Dinge so zuspitzten, dass es zu einer Neuorientierung kommen musste?

Übung 1: Die Krise vor der Wende

Ausgangssituation:	*Ich hatte hohe Schulden im Geschäft.*
Was haben Sie dagegen getan?	[Listen Sie alle Gegenmaßnahmen auf.]
Was haben Sie zu lange vermieden?	*Professionelle Beratung einzuholen.*
Was sorgte für die Eskalation?	*Die Vorladung von meiner Bank.*
Wie haben Sie sich dabei gefühlt?	*Ich war völlig verzweifelt!*
Was haben Sie dann entschieden?	*Aufzugeben oder einen Geschäftspartner zu suchen.*
Wie haben Sie sich nun gefühlt?	*Erleichtert.*
Was ist durch die Krise erst möglich geworden?	*Bei einem Kontaktgespräch bezüglich der Geschäftspartnerschaft habe ich meinen jetzigen Mann kennen gelernt.*

Solche Entwicklungen deuten sich schon lange vorher durch kleine Ereignisse an. Auf dem Höhepunkt der Krise – im Sweet-Chestnut-Zustand – mehren sich diese Zeichen, weil im eigenen Inneren bereits eine Erwartungshaltung besteht, die scheinbare Zufälle oder passende Ereignisse heranzieht.

So wird der Kontakt zur Inneren Führung wiederhergestellt:

Denk-Ich und **Fühl-Ich** müssen lernen zu erkennen, wann der Zeitpunkt gekommen ist, bisherige Lösungsversuche für ein Problem bewusst loszulassen und sich ganz den Impulsen der Inneren Führung zu öffnen.

Die bewusste Entscheidung

▶ Ich akzeptiere, dass ich in dieser Situation alles getan habe, was ich tun konnte, und übergebe den weiteren Verlauf vertrauensvoll einer höheren Instanz: »Dein Wille geschehe!«

Entwickeln Sie positives Sweet-Chestnut-Potenzial

Da im Sweet-Chestnut-Zustand scheinbar alle vorhandenen geistigen, seelischen und körperlichen Ressourcen erfolglos ausgeschöpft wurden, kommt die Lösung unerwartet aus einer anderen Ecke.

Übung 2: Die Zeichen erkennen

Das ist leichter gesagt als getan.

Bei näherer Betrachtung benutzt die Innere Führung auch hier individuell verschiedene dramaturgische Muster. Beim einen sind es andere Menschen, die ihm »zufällig« die richtige Botschaft übermitteln. Ein Zweiter erkennt »seine« Lösung des Problems beim Alleinsein, beim Wandern in der Natur. Ein Dritter findet die Antwort in einem Zeitungsartikel, der ihm in die Hände fällt. Manche Menschen erleben so etwas wie ein echtes Wunder.

Prüfen Sie anhand von Ereignissen in Ihrem Leben, welche Zeichen für Sie immer wieder eine Rolle spielen, wenn Sie an Wendepunkten stehen. Schreiben Sie sie auf und achten Sie in Krisen vermehrt auf sie.

So erkennen Sie, dass Ihr positives Sweet-Chestnut-Potenzial wächst:

Sie stellen z.B. fest:

▶ Ich habe erfahren, dass es Dinge gibt, die jenseits meiner Verständnisebene liegen. Ich bin bereit, mich in künftigen ähnlichen Situationen früher meiner Inneren Führung zu öffnen und ihr voll zu vertrauen.

31. Vervain
Die Begeisterungsblüte

▶ Vom Weltverbesserer ... zum Fackelträger

Woran erkennen Sie einen negativen Vervain-Zustand?

An **Reaktionen** wie
- Ich kann mich in Diskussionen hineinsteigern und finde kein Ende.
- Ich überrolle andere mit der eigenen Energie, ohne auf ihre Reaktionen wirklich einzugehen.
- Bin ich von einer Idee überzeugt, will ich auch andere auf den Weg bringen.

An **Gefühlen** wie
- Übereifer
- Innere Unrast, Gereiztheit

An **Gedanken** wie
- Ich weiß, was für dich gut ist.
- Manche Menschen muss man einfach zu ihrem Glück zwingen.

So ging der Kontakt zur Inneren Führung verloren

Das **Denk-Ich** engagiert sich für begeisternde Ideen und will diese – auch über andere – verwirklichen. Dabei überschreitet es die Grenzen der eigenen Persönlichkeit und kennt dann kein Maß mehr. Das **Fühl-Ich** wird vom **Denk-Ich** mitgerissen, unterstützt die Ideen feurig bis zum Extrem und verliert dabei die Verbindung zum Höheren Selbst.

Machen Sie sich den negativen Vervain-Zustand bewusst

Im Vervain-Zustand lässt man sich von seiner Begeisterung mitreißen, weil man die eigenen Grenzen nicht kennt und das Maß verloren hat.

Übung1: Finden Sie kein Maß und kein Ende

Tun Sie etwas, was Sie gern tun, bis zum Exzess.	**Beispiel:** *Hören Sie Ihre Lieblings-CD immer wieder ohne Unterbrechung.*
Wie lange dauert es, bis Sie an eine Grenze kommen, wo Sie eigentlich aufhören wollen? Wann kommt es zu einer Gegenreaktion?	*Nach dem dritten Mal habe ich nicht mehr richtig hingehört. Nach dem zehnten Mal haben sich meine Nachbarn beschwert, dass Ihnen die Musik auf die Nerven gehe.*
Was ist inzwischen aus Ihrer Begeisterung geworden?	*Ein blinder Automatismus, der mich unbewusst auf der gleichen Schiene immer weitertreibt.*

Auf Festen oder Partys erkennen Sie den Vervain-Typ daran, dass er anderen Gästen begeistert und ausschweifend Vorträge zu einem Thema hält, das diese in einer solchen Breite gar nicht interessiert. Beobachten Sie die Reaktion der unfreiwilligen Zuhörer: Bemerken Sie ein angestrengtes höfliches Nicken oder verhaltenes Gähnen?

So wird der Kontakt zur Inneren Führung wiederhergestellt:

Mein **Denk-Ich** und mein **Fühl-Ich** müssen lernen, ihre Grenzen zu erkennen und auch die Grenzen anderer wahrzunehmen. Durch Hinwendung zum Höheren Selbst können Sie den Sinn für die richtigen Proportionen entwickeln und die Kleinheit des Individuums im Verhältnis zum großen Ganzen erkennen.

Die bewusste Entscheidung

▶ Ich bin in erster Linie für meinen eigenen Lebensplan verantwortlich. Bevor ich mich in eine Idee hineinsteigere, nehme ich mich zurück, stelle sie frei zur Diskussion und lerne aus den Reaktionen meiner Gesprächspartner.

Entwickeln Sie positives Vervain-Potenzial

Lernen Sie zu erkennen, dass die eigene gute Idee nicht die einzige ist, die zum Ziel führt.

Übung 2: Viele Wege führen nach Rom

Entwerfen Sie in kurzen Stichworten vier verschiedene Diäten, um am Wochenende 2 kg abzunehmen, oder vier verschiedene Ideen, einen Kindergeburtstag zu gestalten, oder vier verschiedene Möglichkeiten, neue Mitglieder für einen Verein zu werben.

Haben Sie erkannt, dass man das gleiche Ziel auf vielen interessanten Wegen erreichen kann?

Sie können sich auch in einer weiteren Übung das Für und Wider einer bestimmten Idee darlegen, z. B. »Ich finde, Fasten täte dir gut, weil...« versus »Fasten wäre gar nicht gut für dich, weil ...«.

So erkennen Sie, dass Ihr positives Vervain-Potenzial wächst:

Sie stellen z.B. fest:

▶ Wenn mich etwas begeistert, kann ich das zum Ausdruck bringen und trotzdem auf die Vorstellungen und Reaktionen anderer eingehen.

▶ Ich habe mehr echten Kontakt zu meinen Mitmenschen und kann entspanntere Gespräche führen.

32. Vine

Die Autoritätsblüte

▶ Führen ... und sich führen lassen

Woran erkennen Sie einen negativen Vine-Zustand?

An **Reaktionen** wie
- Ich setze mich ohne schlechtes Gewissen über die Wünsche anderer hinweg.
- Ich habe Schwierigkeiten mit Autoritätspersonen.
- Ich gehe notfalls auch mit dem Kopf durch die Wand.

An **Gefühlen** wie
- Starker innerer Druck
- Innerer Zwang, Recht behalten zu müssen

An **Gedanken** wie
- Jetzt erst recht!
- Um jeden Preis.

So ging der Kontakt zur Inneren Führung verloren

Das **Fühl-Ich** hat viele Erfahrungen verdrängt, in denen es unterdrückt wurde, und verharrt in Opposition – auch gegenüber dem Höheren Selbst. Das **Denk-Ich** definiert sich über Leistung und die Verwirklichung eigener Machtansprüche. Es stellt seine Energie ausschließlich in den Dienst eigener Interessen, ohne Rücksicht auf die Bedürfnisse der sozialen Umwelt. So missachtet es die Individualität anderer Wesen und benutzt deren Energie.

Machen Sie sich den negativen Vine-Zustand bewusst

Im Vine-Zustand möchte man sein Ziel um jeden Preis erreichen, ohne Rücksicht auf Verluste. Wie intensiv die gebündelte Energie dabei werden kann, erleben Sie am besten durch die folgenden Versuche:

Übung1: Setzen Sie Ihren Willen durch

Schauplatz: Ihre Küche.

Verschnüren Sie eine Schachtel mit einer zu kurzen Schnur. Wie sieht die Schachtel aus, wenn Ihnen der Knoten schließlich gelungen ist? ... Hat sie Dellen oder Schnürfalten davongetragen?

Öffnen Sie eine zu kleine Konservendose mit einem unpassend großen Dosenöffner. Was passiert mit der Dose? Was blieb vom Doseninhalt übrig?

Versuchen Sie schließlich, den Inhalt Ihres Papierkorbes und viel Styroporabfall in eine kleine Mülltüte zu zwängen, bis sie zu platzen droht ...

Versuchen Sie, sieben Kerzen mit einem einzigen Streichholz anzuzünden.

Wie fühlen Sie sich nach solchen Gewaltaktionen? Befriedigt, triumphierend, etwas beschämt ...?

Halten Sie Ihre Gefühle schriftlich fest!

So wird der Kontakt zur Inneren Führung wiederhergestellt:

Jede bewusst gegen einen anderen gerichtete Tat verstößt gegen das Gesetz der Einheit und wirkt automatisch auf den Verursacher zurück – Druck erzeugt Gegendruck, Schmerz, den man anderen zufügt, spürt man irgendwann selbst. **Fühl-Ich** und **Denk-Ich** muss klar werden, dass alle Wesen die gleiche Existenzberechtigung haben und dass wir alle im Rahmen eines größeren Planes unsere Aufgabe erfüllen. Hierbei sollten wir uns gegenseitig helfen, nicht behindern.

Die bewusste Entscheidung
▶ Ich erkenne an, dass jeder Mensch ein Recht auf seine eigene Persönlichkeit hat. Ich entscheide mich, meinen Mitmenschen partnerschaftlicher zu begegnen. Ich gehorche dabei meinem Höheren Selbst.

Entwickeln Sie positives Vine-Potenzial
Suchen Sie eine Situation, wo Sie als Respekts- oder Autoritätsperson Ihren Willen zwar durchsetzen könnten, aber wissen, dass andere damit nicht einverstanden wären.

Übung 2: Was habe ich davon, mit dem Kopf durch die Wand zu gehen?

	Sie wollen den Betriebsausflug als Bergwanderung gestalten, die meisten Mitarbeiter würden lieber zu einem Stadtfest gehen.
Was verliere ich, wenn ich nachgebe?	*Autorität – man würde mir das als Schwäche auslegen.*
Was gewinne ich, wenn ich nachgebe?	*Sympathie, die Bereitwilligkeit meiner Mitarbeiter, mir ihrerseits entgegenzukommen.*
Was verliere ich, wenn ich mich durchsetze?	*Die Mitarbeiter werden mauern, ich verliere den guten menschlichen Kontakt zu ihnen.*
Was gewinne ich, wenn ich mich durchsetze?	*Ich hätte meine Autorität gewahrt.*
Was dient der übergeordneten Zielsetzung am meisten?	*Dem Betriebsklima dient, dem Stadtfest-Besuch zuzustimmen.*

So erkennen Sie, dass Ihr positives Vine-Potenzial wächst:
Sie stellen z.B. fest:
▶ Ich lasse bei meinem Handeln mehr das Herz sprechen.
▶ Ich kann besser zwischen gesundem und ungesundem Ehrgeiz unterscheiden.

33. Walnut

Die Geburtshelferin

▶ Von Beeinflussbarkeit …
                    zu innerer Festigkeit

Woran erkennen Sie einen negativen Walnut-Zustand?

An **Reaktionen** wie
- Sie haben sich nach reiflicher Überlegung zu einer Zahnregulierung entschlossen, lassen sich aber durch Bemerkungen Ihres Partners oder seiner Kinder immer wieder davon abbringen, den Termin beim Zahnarzt fest zu buchen.

An **Gefühlen** wie
- Innere Verunsicherung
- Befangenheit

An **Gedanken** wie
- Wenn ich wüsste, wie es wird …!
- Ich müsste mich endlich freischwimmen!

So ging der Kontakt zur Inneren Führung verloren

Fühl-Ich und **Denk-Ich** haben sich grundsätzlich entschlossen, den nächsten Schritt in eine neue Entwicklungsphase zu tun. Aber das **Denk-Ich** hat noch nicht genügend Informationen und Erfahrungen über die neue Situation gesammelt und ist daher noch nicht bereit, auf die innere Sicherheit des **Fühl-Ich** zu vertrauen. Es lässt sich immer wieder ins Schwanken bringen und verunsichert damit auch das **Fühl-Ich**, sodass schließlich beide zögern, den letzten Schritt zu tun.

Machen Sie sich den negativen Walnut-Zustand bewusst

Im Walnut-Zustand lässt man sich auf dem eigenen Lebensweg ablenken. Erleben Sie das symbolisch in der folgenden Übung.

Übung 1: Lieblingsmelodie - Lebensmelodie

Sie brauchen dazu einen CD-Player oder Plattenspieler, eine CD oder Schallplatte mit Ihrer Lieblingsmelodie und ein Radio, eingestellt auf einen Nachrichtensender.

Legen Sie die Platte auf, und tanzen Sie zu Ihrer Lieblingsmusik, gleichzeitig schalten Sie eine Nachrichtensendung im Radio ein.

Beobachten Sie, wie der Kommentator unwillkürlich Ihre Aufmerksamkeit auf sich zieht und wie viel psychische Energie es erfordert, den Tanz zu Ihrer Lieblingsmelodie gut durchzuhalten. Vielleicht fallen Ihnen beim Tanzen oder hinterher auch Situationen aus Ihrem Leben ein, wo Sie ähnliche Gefühle hatten.

Machen Sie sich dazu einige Notizen in Ihrem Blüten-Journal.

So wird der Kontakt zur Inneren Führung wiederhergestellt:

Das **Fühl-Ich** muss sich stärker auf die Innere Führung durch das Höhere Selbst ausrichten und zu seinen inneren Wahrnehmungen stehen.

Das **Denk-Ich** muss mit dem **Fühl-Ich** enger zusammenarbeiten, sich bei der Verwirklichung eigener Ideen stärker gegen Fremdeinflüsse abgrenzen und sich nicht beirren lassen.

Die bewusste Entscheidung

▶ Ich entscheide mich, meiner inneren Führung in jeder Lebenssituation die erste Priorität einzuräumen. Eine als richtig erkannte neue Entscheidung werde ich unbeirrt Schritt für Schritt verwirklichen und mir dabei selbst treu bleiben.

Entwickeln Sie positives Walnut-Potenzial

Stellen Sie sich eine Situation vor, in der Sie eine wichtige Lebensentscheidung getroffen haben und diesen Entschluss Ihren Verwandten mitteilen wollen. Schreiben Sie deren Einwände auf gelbe Karten, Ihre Antworten auf weiße.

Übung 2: Bleiben Sie sich selbst treu

Das ist mein Ziel:	*Ich will mich beurlauben lassen, um Sozialarbeit in Brasilien zu machen.*
Erste gelbe Karte:	*Mein Vater sagt: Damit ist dein sicherer Arbeitsplatz gefährdet.*
Erste weiße Karte:	*Heutzutage gibt es kaum noch gesicherte Arbeitsplätze. Wichtig für meine Zukunft ist, meine Fähigkeiten zu entwickeln. Dazu verhilft mir dieser Aufenthalt.*
Zweite gelbe Karte:	*Mutter sagt: Dann geht deine Beziehung mit Klaus kaputt. ...*

Wenn Sie alle Bedenken entkräftet haben, reißen Sie die gelben Karten einzeln bewusst durch und verbrennen Sie die Reste.

So erkennen Sie, dass Ihr positives Walnut-Potenzial wächst:

Sie stellen z.B. fest:

▶ Ich kann Veränderungen in Angriff nehmen, ohne mich von außen verunsichern zu lassen.

▶ Ich habe innere Festigkeit, Charakterstärke gewonnen.

34. Water Violet
Die Kommunikationsblüte

▶ Von der Isolation ... zum Miteinander

Woran erkennen Sie einen negativen Water-Violet-Zustand?

An **Reaktionen** wie
- Ich schlage eine Einladung aus, weil es mir zu viel ist, den ganzen Abend mit völlig anders gearteten Menschen reden zu müssen.

An **Gefühlen** wie
- ich fühle mich einsam in der Menge.
- Ich fühle mich wie unter einer Glasglocke.
- Der Funke will nicht überspringen.

An **Gedanken** wie
- Niemand versteht mich.
- Andere fragen bringt nichts.
- Ich bleibe lieber unabhängig.
- Ich halte mich da raus!

So ging der Kontakt zur Inneren Führung verloren

Das **Fühl-Ich** hat seine Grenzen überschritten, psychische Energie verloren und möchte sich aus den Kommunikationsprozessen des Lebens zurückziehen. Anstatt das **Fühl-Ich** zu ermutigen, Kontakt zum Höheren Selbst zu suchen, um so wieder ins Gleichgewicht zu kommen, bestärkt das **Denk-Ich** das **Fühl-Ich** durch passende Argumente in seiner Rückzugstendenz. So können keine neue Impulse aufgenommen und keine neuen Erfahrungen gemacht werden.

Machen Sie sich den negativen Water-Violet-Zustand bewusst

Stellen Sie sich Folgendes vor oder erinnern Sie sich an eine entsprechende Situation: Sie sind zu einem Fest, einem Empfang oder einem Cocktail eingeladen. Eigentlich haben Sie überhaupt keine Lust, dort hinzugehen.

Übung 1: My home is my castle

Schreiben Sie fünf Argumente gegen die Zusage auf.

Beispiel: *Ich will nicht den ganzen Abend über blöde Witze lachen müssen ....*

Was wollen Sie in Wirklichkeit durch Ihr Fernbleiben vermeiden?

Ich vermeide, dass mir zu persönliche Fragen gestellt werden.

Erkennen Sie den Mechanismus? Ihr Denk-Ich liefert Ihnen die Argumente für etwas, was Ihr Fühl-Ich eigentlich vermeiden möchte.

Zusatzübung:

Gehen Sie allein auf ein Volksfest, zu einem »Tag der offenen Tür« oder auf einen Flohmarkt. Beobachten Sie das bunte Treiben – aber reden Sie mit keinem Menschen. Lassen Sie sich auch nicht ansprechen. Nehmen Sie bewusst keinen Kontakt auf, kaufen Sie also auch nichts.
Wie fühlen Sie sich dabei und später zu Hause? Notieren Sie Ihre Gedanken.

So wird der Kontakt zur Inneren Führung wiederhergestellt:

Der Lebensplan offenbart sich uns durch andere Menschen und Ereignisse. Der geistige Weg führt durch die Welt, nicht weg von der Welt.

Mein **Fühl-Ich** muss verstehen, dass es nicht alles allein schaffen muss. Es muss lernen einzuschätzen, wann es gut ist, Grenzen zu setzen, und wann man um Hilfe bitten kann und soll. Mein **Denk-Ich** muss seine Illusion der Besonderheit aufgeben, beide müssen Anschluss an das Höhere Selbst gewinnen.

Die bewusste Entscheidung
▶ Ich beschließe, mich voll auf das Leben einzulassen und – wo das angebracht ist – mehr auf
meine Mitmenschen zuzugehen, um im Miteinander neue Erfahrungen zu machen.

Entwickeln Sie positives
Water-Violet-Potenzial
Im Water-Violet-Zustand müssen Sie üben, sich einzu-
bringen, teilzunehmen.

Übung 2: Die Kommunikationsübung

Gehen Sie in der nächsten Woche wieder auf einen Flohmarkt oder ein Fest
und versuchen Sie diesmal bewusst, Kontakte mit anderen Menschen aufzunehmen. Beginnen Sie ein Gespräch mit einem Typen, den Sie von sich aus
niemals ansprechen würden. Verhandeln, feilschen Sie locker mit einem
Händler.

Erproben Sie dabei Ihre Grenzen, schauen Sie, wie weit Sie gehen können und
wollen – nicht nur materiell. Kaufen Sie schließlich mindestens eine Kleinig-
keit als bleibendes Andenken und Erinnerung an diesen Tag.

Treten Sie einer Gruppe bei, die sich einem schönen Ziel ver-
schrieben hat – z. B. einer Umweltorganisation oder einer
Nachbarschaftshilfe –, in der man gemeinsam eine positive
Leistung erbringt, aber auch auf Kooperation angewiesen ist.

So erkennen Sie, dass Ihr positives
Water-Violet-Potenzial wächst:
Sie stellen z. B. fest:
▶ Ich fühle mich mit meinen Mitmenschen stärker verbunden und kann meine Gefühle mehr zum Ausdruck
bringen.

35. White Chestnut
Die Gedankenblüte

▶ Vom Mentalkarussell … zur inneren Ruhe

Woran erkennen Sie einen negativen White-Chestnut-Zustand?

An **Reaktionen** wie
- Sie führen nachts innere Gespräche, die immer wieder von vorne beginnen.

An **Gefühlen** wie
- Der Kopf ist voll
- Inneres Vibrieren

An **Gedanken** wie
- Ich will das nicht schon wieder denken!

So ging der Kontakt zur Inneren Führung verloren

Das träge **Denk-Ich** hat die Impulse des **Fühl-Ich** lange nicht ernst genommen und bearbeitet. Weil der Speicher des **Fühl-Ich** überzulaufen droht, kommt es ins Schleudern und versucht nun bei jeder Gelegenheit, dem **Denk-Ich** die zu verarbeitenden Impulse erneut zu präsentieren. Darüber verliert es die Verbindung zum Höheren Selbst. Das **Denk-Ich** muss sich entschließen, seine Aufgabe wahrzunehmen: Gefühlsimpulse zu ordnen und Entscheidungen zu treffen. Dann kann das **Fühl-Ich** wieder zu seinem natürlichen Rhythmus zurückfinden.

Machen Sie sich den negativen White-Chestnut-Zustand bewusst

Stellen Sie eine Kurzzeituhr auf 15 Minuten, und bringen Sie sich folgendermaßen in den White-Chestnut-Zustand:

Übung 1: Der Ohrwurm

Lassen Sie eine Schallplatte oder eine CD mit einer eingängigen Musik, die aber nicht Ihre Lieblingsmusik sein sollte, 15 Minuten in ununterbrochener Wiederholung laufen und summen Sie mit. Oder sprechen Sie immer den gleichen Satz 15 Minuten lang vor sich hin.

**Wenn die Kurzzeituhr klingelt, hören Sie damit auf und registrieren Ihre Wahrnehmung und Ihre Gefühle. Sind Sie erleichtert? Läuft die Leier noch eine Weile in Ihrem Kopf weiter? Wie lange?
Notieren Sie diese Beobachtungen.**

Sollten Sie aus dieser Gedankenmühle nicht von allein wieder herausfinden, nehmen Sie White Chestnut im Wasserglas ein.

So wird der Kontakt zur Inneren Führung wiederhergestellt:

Das **Fühl-Ich** muss durch den Anschluss an das Höhere Selbst zu seinem natürlichen Zeitrhythmus zurückfinden, um das **Denk-Ich** nicht zur Unzeit mit Impulsen zu überschwemmen. Das **Denk-Ich** muss wieder bereit sein, Impulse bewusst aufzugreifen, zu ordnen und Entscheidungen daraus zu formulieren, die auch umgesetzt werden. Durch die Verbindung zum Höheren Selbst strukturiert sich der Gedankenstrom leichter, da der Lebensplan eine Zielrichtung vorgibt.

Die bewusste Entscheidung

▶ Ich entschließe mich, meine Impulse ganzheit-
licher wahrzunehmen und mich bewusst damit
auseinander zu setzen, sobald sie auftreten.
Wenn ich Problemlösungen suche, wende ich
mich gezielt an meine Innere Führung und bitte
um die notwendige Inspiration.

Entwickeln Sie positives
White-Chestnut-Potenzial

Zentrieren Sie sich 10 Minuten lang, damit Ihr Fühl-Ich wieder Anschluss an seine natürlichen Zeitrhythmen findet.

Übung 2: Gedankenentrümpelung

Dann wenden Sie sich innerlich der Frage zu: »Was ist noch offen?«
Lassen Sie jetzt aus der Entspannung heraus in sich die Gedanken aufsteigen,
die wohl am dringendsten bearbeitet werden müssen.
Schreiben Sie sie untereinander auf, ohne sie zu kommentieren.

Machen Sie nun daneben vier Spalten für »erledige ich noch heute«, »in dieser Woche«, »für spätere Erledigung« und »wird storniert, fallen gelassen«.

Ordnen Sie nun Ihre Gedanken, indem Sie jedem ein Kreuz in einer der
vier Spalten zuordnen.

Betrachten Sie Ihre Liste abschließend und legen Sie für Spalte 2 und 3 genaue
Termine fest. Wie fühlen Sie sich nun?

So erkennen Sie, dass Ihr positives
White-Chestnut-Potenzial wächst:

Sie stellen z. B. fest:
▶ Mein Kopf ist klarer. Vieles, was ich früher gedanklich erzwingen wollte, kann ich heute an mich herankommen lassen und warten, bis die Lösung von selbst in
mir auftaucht.

36. Wild Oat
Die Berufungsblüte

▶ Vom Suchen ... zum Finden

Woran erkennen Sie einen negativen Wild-Oat-Zustand?

An **Reaktionen** wie
- Sie haben viele Bekannte, gehören aber nirgends richtig dazu.
- Freunde sagen: »Du tanzst auf zu vielen Hochzeiten!«

An **Gefühlen** wie
- Unzufriedenheit
- Unsicherheit über den inneren Standort

An **Gedanken** wie
- Auch diese Möglichkeit würde mich reizen.

So ging der Kontakt zur Inneren Führung verloren

Das **Fühl-Ich** steht im Bann des **Denk-Ich** und lässt sich von immer neuen Ideen und Projekten faszinieren. Das **Denk-Ich** will wie ein Pubertierender etwas Besonderes verwirklichen, ohne Verantwortung zu übernehmen. Statt im Inneren glaubt es, den Weg im Äußeren finden zu können. So bricht der Kontakt zum Höheren Selbst immer wieder ab. Das innere Wachstum verzögert sich.

Machen Sie sich den negativen Wild-Oat-Zustand bewusst

Stellen Sie sich vor, dass Sie sich für eine von mehreren gleichermaßen attraktiven Möglichkeiten entscheiden müssen, oder erinnern Sie sich an eine entsprechende Situation.

Übung 1: Verlockende Möglichkeiten

	Beispiel: *Sie haben eine Ausbildung als Hotelkaufmann/frau abgeschlossen und erhalten jetzt gleich vier interessante Angebote:*
Schreiben Sie jedes Angebot auf einen separaten Zettel. Eigentlich reizt Sie alles. Aber was reizt Sie am meisten? Zum Recherchieren bleibt kaum noch Zeit. Sie können sich auch nicht mehrere Angebote offen halten, sondern müssen sich innerhalb von 24 Stunden entscheiden.	• *in einer international berühmten Hotelkette als Trainee zu beginnen;* • *in einem neuen Kurort die Hotellerie von Anfang an mit aufzubauen;* • *in einem renommierten Badeort im besten Hotel Direktionsassistent/in zu werden,* • *in ein Touristenzentrum auf Hawaii einzusteigen.*
Wie fühlen Sie sich unter dieser Anforderung?	
Halten Sie Ihre Eindrücke fest.	

So wird der Kontakt zur Inneren Führung wiederhergestellt:

Das **Fühl-Ich** muss die Verbindung zum Höheren Selbst suchen, um Anschluss an seine eigenen Rhythmen und Lebensmuster zu bekommen. Statt im Außen herumzuspielen, muss das **Denk-Ich** bereit sein, nach innen zu horchen, die Impulse meines **Fühl-Ich** realistisch zu prüfen, Entscheidungen zu treffen und dazu zu stehen.

Die bewusste Entscheidung

▶ Bei jeder neuen Idee, die ich verwirklichen möchte, bitte ich meine Innere Führung, mir zu zeigen, ob diese Idee meinem Lebensplan entspricht. Danach setze ich Prioritäten.

Ich bin bereit, für getroffene Entscheidungen alle Konsequenzen auf mich zu nehmen und begonnene Handlungen sinnvoll zu Ende zu führen.

Entwickeln Sie positives Wild-Oat-Potenzial

Bearbeiten Sie die Angebote aus Übung I, um zu erkennen, was Ihren innersten Wünschen am meisten entspricht.

Übung 2: Finden Sie Ihren roten Faden!

Was ist mir an dieser Möglichkeit sympathisch?
Was ist mir an dieser Möglichkeit unsympathisch?
Was würde mir die Verwirklichung dieser Möglichkeit bringen?
- **äußerlich** *(berufliche Entfaltungsmöglichkeiten, Prestige, Einkommen)*
- **innerlich** *(Freude, innere Befriedigung)*

Was müsste ich einbringen, wenn ich mich für diese Möglichkeit entscheide?
- **äußerlich** *(physische Energie, zusätzliche Zeit, Geld)*
- **innerlich** *(psychische Energie, Risikobereitschaft)*

Welche besonderen Herausforderungen oder außergewöhnlichen Lernchancen könnte diese Möglichkeit für mich bereithalten?

Vergleichen Sie die Analysen und erkennen Sie, welche Lebensmuster, welche inneren Wünsche sich wie ein roter Faden durch alle Alternativen hindurchziehen, was Sie in allen diesen Möglichkeiten wirklich suchen.

So erkennen Sie, dass Ihr positives Wild-Oat-Potenzial wächst:

Sie stellen z. B. fest:

▶ Ich bin zielstrebiger und konsequenter in meinem Handeln und sehe meine Lebensziele klarer.

37. Wild Rose

Die Blüte der Lebenslust

▶ Vom Sichaufgeben … zur Hingabe

Woran erkennen Sie einen negativen Wild-Rose-Zustand?

An **Reaktionen** wie
- In gewissen Problembereichen haben Sie innerlich aufgegeben. Andere verstehen das nicht, da die Umstände objektiv gar nicht so hoffnungslos sind.

An **Gefühlen** wie
- Gleichgültigkeit
- Unterschwellige Trauer

An **Gedanken** wie
- Da kann man nichts machen.
- Damit habe ich mich längst abgefunden.

So ging der Kontakt zur Inneren Führung verloren

Das **Fühl-Ich** glaubt irrtümlich: »Alles ist aus!«, und ist dabei, sich aufzugeben.

Es bricht die Kommunikation mit dem Höheren Selbst und mit dem **Denk-Ich** ab. Es fordert aus dem Makrokosmos keine Lebensenergie mehr ein und stellt dem **Denk-Ich** auch keine mehr zur Verfügung. Dadurch ist das **Denk-Ich** gelähmt und kann keine Initiative entfalten.

Alle Entwicklungsprozesse stagnieren.

Machen Sie sich den negativen Wild-Rose-Zustand bewusst

Für diese Übung brauchen Sie eine Kurzzeituhr, einen Kassettenrecorder und eine Kassette mit lebhafter Musik. Stellen Sie die Uhr auf 10 Minuten, legen oder setzen Sie sich hin.

Übung1: 10 Minuten Apathie

Erinnern Sie sich an eine Situation, in der Sie sich völlig ausgepumpt und teilnahmslos fühlten – z. B. durch schwere Krankheit oder nach einer Sterbebegleitung –, in der Sie so reduziert waren, dass Ihnen alles egal war.

Versuchen Sie, dieses Gefühl wieder zu erleben. Welche Gedanken tauchen auf, wenn überhaupt welche kommen?

Sollte Ihnen keine Situation einfallen, vertiefen Sie sich in folgende Zeilen aus dem Roman »Der Fremde« von Albert Camus:

Gut, dann muss ich eben sterben. Früher als andere, gewiss. Aber jeder weiß, dass das Leben nicht lebenswert ist. Im Grunde wusste ich genau, dass es einerlei ist, ob man mit 30 oder 70 Jahren stirbt ... Sterben musste immer ich, jetzt oder in zwanzig Jahren.

Wenn die Uhr klingelt, springen Sie auf, drücken auf den Knopf des Kassettenrecorders und schütteln das lethargische Gefühl im Rhythmus zur Musik wieder aus dem Körper.

Beenden Sie die Übung, wenn möglich, mit einem kleinen Spaziergang in der Natur.

So wird der Kontakt zur Inneren Führung wiederhergestellt:

Das Höhere Selbst entscheidet über den endgültigen Rückzug aus dem Leben oder aus einem Lebensbereich. Solange man lebt, hat man auch eine Aufgabe im Leben.

Das Wichtigste für Menschen im Wild-Rose-Zustand ist es, dafür zu sorgen, dass das **Fühl-Ich** wieder Lust auf das Leben bekommt. Hier muss das **Denk-Ich** mein **Fühl-Ich** regelrecht hineinmanövrieren.

Die bewusste Entscheidung

▶ Ich entscheide mich, wieder in das Leben hineinzugehen. Ich sage Ja zum Leben, ich gebe mich dem Leben hin.

Entwickeln Sie positives Wild-Rose-Potenzial

Gehen Sie trotz mangelnder Motivation an Stätten, wo das Leben tobt: auf ein Seenachtsfest, in eine Gartenwirtschaft oder in einen Heurigengarten, dorthin, wo man eng nebeneinander auf einer Bank sitzt, sogar schunkelt.

Übung 2: Lassen Sie sich vom Leben anstecken!

Beobachten Sie im Strandbad Kinder auf einer Wasserrutsche. Spielen Sie mit jungen Tieren. Melden Sie sich zu einem Tanzkurs an – am besten Folkloretanz, wo sich die Tänzer gegenseitig anfeuern und feiern. Und gehen Sie hinterher mit den anderen Teilnehmern noch etwas trinken.

Horchen Sie nach innen, ob Sie irgendein Bedürfnis in sich spüren, und machen Sie einen Plan, wie Sie dieses Bedürfnis Schritt für Schritt befriedigen.

Verbinden Sie sich wieder mit der Natur. Nehmen Sie die Kraft der vier Elemente in sich auf. Verbringen Sie Ihren nächsten Urlaub am Wasser: Legen Sie sich an den Strand, erleben Sie das Kommen und Gehen der Wellen. Stellen Sie sich an einen Fluss und stellen Sie sich vor, Sie fließen ein Stück mit ihm mit. Stehen Sie vor Sonnenaufgang auf und erleben Sie, wie es Tag wird, wie überall das Leben erwacht.

So erkennen Sie, dass Ihr positives Wild-Rose-Potenzial wächst:

Sie ertappen sich bei Aussagen wie:

▶ »Das war ein schöner Tag« oder »Darauf freue ich mich«, »Das macht mir Spaß« oder »Das Leben ist schön«.

38. Willow

Die Schicksalsblüte

▶ Vom Schicksalsgroll ...

... zur Selbstverantwortung

Woran erkennen Sie einen negativen Willow-Zustand?

An **Reaktionen** wie

- Man sucht und findet bei jedem negativen Ereignis äußere Umstände oder andere Menschen, die man dafür verantwortlich machen kann. Kinder beschimpfen oft den »bösen« Tisch, an dem sie sich gestoßen haben,

An **Gefühlen** wie

- Schwelende Wut im Bauch
- Wütende innere Ohnmacht
- Groll, Verbitterung

An **Gedanken** wie

- Das Leben ist ungerecht!
- Man hat mir übel mitgespielt.
- Immer ich!

So ging der Kontakt zur Inneren Führung verloren

Das **Fühl-Ich** nimmt eine fordernde Haltung ein – auch gegenüber dem Höheren Selbst. Es schmollt, wenn seine Bedürfnisse nicht erfüllt werden, und fühlt sich als Opfer des Schicksals. Anstatt dem **Fühl-Ich** eine objektive Sicht der Situation zu vermitteln, lässt sich mein **Denk-Ich** davon mitreißen. Es übernimmt die Gefühle scheinbarer Machtlosigkeit und liefert passende Argumente und Rechtfertigungen.

Machen Sie sich den negativen Willow-Zustand bewusst

Viele Menschen werden unschuldig Opfer des Schicksals. Sie müssen z. B. ihr Leben im Krieg verteidigen oder verlieren ihr gesamtes Hab und Gut bei Naturkatastrophen. Bei derartigen schicksalhaften Ereignissen könnte die Bach-Blüte Willow zwar hilfreich sein – jedoch handelt es sich hier nicht um den Willow-Zustand, den Bach eigentlich gemeint hat.

Übung 1: Mir ist Unrecht geschehen

Erinnern Sie sich an eine Situation, in der Sie sich als Opfer gefühlt haben, lassen Sie die Gefühle, die diese Lage bei Ihnen ausgelöst hat, noch einmal in sich aufleben.	*In meiner Firma bin ich auf eine weniger attraktive Stelle versetzt worden.*
Wer war schuld daran?	*Mein Chef.*
Warum?	*Er schätzt meine Fähigkeiten falsch ein.*
Was könnte ich selbst zu dieser Situation beigetragen haben?	*Nichts.*

So wird der Kontakt zur Inneren Führung wiederhergestellt:

Durch unser Bewusstsein und unsere Gedanken formen wir die Ereignisse, die wir erleben. Deshalb ist es wichtig, konstruktiv im Sinne des Höheren Selbst zu denken.

Das **Fühl-Ich** muss durch mein **Denk-Ich** lernen, Gefühle zu relativieren. Das **Denk-Ich** muss lernen, den eigenen Anteil an jeder Situation und vor allem die eigenen Einflussmöglichkeiten zu erkennen und zu nutzen.

Die bewusste Entscheidung

▶ Ich akzeptiere, dass jedes Ereignis, mit dem ich zu tun habe, auch etwas mit mir zu tun hat und eine konstruktive Lernchance für mich enthält. Diese suche ich sofort zu erkennen und entsprechend zu handeln.

Entwickeln Sie positives Willow-Potenzial

Wiederholen Sie Übung 1 so lange, bis Ihnen auf die letzte Frage eine konstruktive Antwort einfällt. Zum Beispiel:

Übung 2: Was ist mein Anteil?

Wo sind meine Möglichkeiten?

Was könnte ich zu dieser Situation beigetragen haben?	*Ich habe nicht hinterfragt, warum mir mein Chef in den letzten Monaten keine neuen Aufgaben mehr anvertraut hat.*
Was hätte ich von mir aus tun können, um die Situation zu verändern?	*Ich hätte meinen Chef rechtzeitig fragen sollen, warum er mir keine neuen Aufgaben mehr gibt.*
Was könnte ich jetzt noch tun?	*Um ein Gespräch bitten, um die näheren Gründe für meine Versetzung zu erfahren.*
Was werde ich in Zukunft in ähnlichen Situationen tun?	*Aufmerksamer beobachten und früher aktiv werden.*

So erkennen Sie, dass Ihr positives Willow-Potenzial wächst:

Sie stellen z. B. fest:

▶ Ich erkenne immer häufiger die tieferen Zusammenhänge eines Ereignisses.

▶ Ich kann beide Seiten einer Situation betrachten und meinen Anteil daran akzeptieren.

Zur Autorin

Mechthild Scheffer, die international bekannte Wegbereiterin der Original Bach-Blütentherapie führte das Werk von Dr. Edward Bach 1981 im deutschen Sprachraum ein und baut es seither systematisch weiter aus.

Ihre deutschsprachigen Grundlagenwerke sowie die Ergebnisse ihrer 30-jährigen Forschungstätigkeit sind in viele Sprachen übersetzt. Schwerpunkt ihrer Tätigkeit auch als Mitglied des Bach Foundation Network, Dr. Edward Bach Centre, England ist die Lehre und Verbreitung der authentischen Form der Bach-Blütentherapie.

Darüber hinaus gilt Mechthild Scheffers Einsatz vor allem der zeitgemäßen Entfaltung der Bach'schen Erkenntnisse und ihrer Integration in zukunftsorientierte Initiativen der Gesundheitsvorsorge.

Die Institute für Bach-Blütentherapie, Forschung und Lehre, Mechthild Scheffer

- **Ausbildungsseminare für Selbstanwender, Fachbehandler und Therapeuten**
- **Vertrieb von Arbeitsunterlagen und Büchern**
- **Hilfe bei allen Fragen zur Arbeit mit diesem Buch**

Postfach 20 25 51
D-20218 **Hamburg**
Telefon: +49 40 43257710
Telefax: +49 40 435253
E-Mail: info@bach-bluetentherapie.de

Mainaustr. 15
CH-8034 **Zürich**
Telefon: +41 13823314
Telefax: +41 13823319
E-Mail: bach-bluetentherapie@swissonline.ch

Börsegasse 10
A-1010 **Wien**
Telefon: +43 1 53386400
Telefax: +43 1 533864015
E-Mail: bach-bluetentherapie@aon.at

Österreichisch-Deutsche Ärztegesellschaft
Dr. med E. Bach
Börsegasse 10
A-1010 **Wien**
Telefon: +43 1 53386400
Telefax: +43 1 533864015
E-Mail: bach-bluetentherapie@aon.at

Website: www.bach-bluetentherapie.com

Weltweit das beste Buch zum Thema

Das Standardwerk

Mechthild Scheffer

Die Original Bach-Blütentherapie

Das gesamte theoretische und praktische Bach-Blütenwissen
384 Seiten, Festeinband, mit vierfarbigen Abb.,
ISBN 3-89631-305-3

Das Standardwerk mit der ausführlichsten Blütenbeschreibung behandelt umfassend das gesamte geistig-spirituelle und psychologisch-praktische Werk von Dr. Edward Bach, dem Entdecker der »Seelentherapie mit Blütenenergie«. Es richtet sich an Anwender, Lehrende und Behandler gleichermaßen.

Ein umfangreicher Praxisteil enthält
- Angaben zum genauen Ablauf eines Bach-Blütengesprächs
- 127 Entscheidungshilfen zwischen zwei Blüten
- 450 Rezeptbausteine zur Herstellung individueller Bach-Blütenmischungen
- einen Doppelfragebogen mit Checkliste zur Endauswahl der Blüten
- Farbfotos und Energiebilder aller 38 Blüten.